美的约定

——百丽雅30年美业服务心法

王 坤◎著

中国商业出版社

百丽雅的服务禁区是什么

怎样为顾客带来附加值体验

30

如何将个人经验转化为组织能力

如何进行品控

我们关

积累的

如何留住人才

如何持续提供专业化服务

如何做好回访

美容院如何找到适合的装修

如何服务好第一次到店的顾客

如何通过异业联盟为顾客筛选出品质生活

怎样督导

年来

如何接待

怎样做好后台支持

业服务

和方法

如何帮助会员打造为三养女神

什么是百丽雅 的“金三角”

图书在版编目（CIP）数据

美的约定：百丽雅 30 年美业服务心法 / 王坤著 . --
北京：中国商业出版社，2022.12
ISBN 978-7-5208-2306-7

Ⅰ . ①美… Ⅱ . ①王… Ⅲ . ①美容 - 服务业 - 经营管理 - 经验 - 深圳 Ⅳ . ① F726.99

中国版本图书馆 CIP 数据核字 (2022) 第 217102 号

责任编辑：朱丽丽

中国商业出版社出版发行
（www.zgsycb.com 100053 北京广安门内报国寺 1 号）
总编室：010-63180647 编辑室：010-63033100
发行部：010-83120835/8286
新华书店经销
湖北金港彩印有限公司印刷
*
710 毫米 ×1000 毫米 16 开 14.25 印张 217 千字
2022 年 12 月第 1 版 2022 年 12 月第 1 次印刷
定价：198.00 元
* * * *
（如有印装质量问题可更换）

鸣 谢

我接班百丽雅的时候是2015年，那时我26岁，一个年轻的二代接班人。我遇到的第一个挑战就是：一个没有经验的新人如何做好企业管理工作？这不仅仅意味着我需要在陌生领域打开局面，还意味着我作为一个外行如何去管理内行。

没有丰富的美业经验，甚至说还没有足够的商业经验又未曾为团队做过贡献的我，凭什么可以做总经理？2018年9月10日我正式担任了集团的总经理。有这样的结果是因为我采取了一项重要举措，解决了我的困境。这个举措就是知识萃取，它让我为自身赋能的同时，为企业的培训体系迭代。

也正因此，才有机会将我的劣势倒逼为优势，凭借一个纯小白的视角去萃取百丽雅优秀员工的宝贵经验。在将隐性知识显性化的过程中，我首先借助具体的事件，与员工一同构建出简单情境；然后，不断地追溯更多细节，在充分还原了事件后，将经验结构化呈现，提炼出可复制的方法；最后，参考大学论文答辩的形式，举办了多次知识分享比赛，让每一位员工都整合出自己独特的“绝活”。

不得不感叹，百丽雅是一个能够系统化地让“外行”变成“内行”的企业，我荣幸之至。关于此书，与其说我是这本书的作者，不如说我是这本书里知识的第一个受益者。它是百丽雅30年的不断沉淀与创新，它蕴含所有为百丽雅做奉献过的人们，更包括来到百丽雅的每一位顾客。

对于百丽雅实践经验的萃取，离不开百丽雅每位实干者多年的经验累积和建议支持，更离不开每位高管的心智共享与严谨审核。

在此我由衷感谢“安心服务”章节的审稿人百丽雅集团营运总监郑国文、禧悦蜜悦医美总经理叶青、心悦医美总经理罗文娟、百丽雅集团技术经理张翠兰、百丽雅集团客服经理李春华；感谢“督导体系”章节的审稿人百丽雅集团技术经理张翠兰、百丽雅集团行政经理肖桂香；感谢“人才成长体系”章节的审稿人百丽雅集团行政经理肖桂香、百丽雅集团人资经理胡海妹；等等。

自本书撰写以来，离不开专业人士的支持与启发。

在此，要特别鸣谢得到创始人罗振宇先生关于整套知识萃取方法的指导，以及得到联合创始人、CEO 脱不花女士为本书做出的指导以序言支持，得到锦囊负责人阚靓女士对于锦囊写作模式的指导，国际彩印有限公司 CEO 穆成琳女士的协助，苏州哲联美业创始人郑波先生对于信息系统章节的资源支持，涛说演讲创始人、商业演讲教练刘哲涛先生对于企业内部心智共享大赛的指导与支持，知名整合营销专家马兵先生以及深圳千道科技有限公司 CEO 程朝潮先生对于本书原始规划的指导，蜂巢创意体公司 CEO 房海滨先生对于本书的整体策划和外观设计的指导，深圳市非常给力电子商务有限公司 CEO 齐成龙先生对于服务体验内容的建议支持，知名企业数字化专家夏天琦女士对数字化营运内容的指导，深圳有点耐思文化传播有限公司的 CEO 阎茹玉女士对于周年庆的筹备及新书发布的支持，等等。

为此，对本书作者——百丽雅集团总经理王坤先生以及主编陈炳旭女士在此期间给予帮助和支持的各界朋友和百丽雅同人致以衷心的感谢。

百丽雅集团总经理　王坤

2022 年 08 月 21 日

D.C.BOOK

序

您好，我是脱不花，得到 APP 的联合创始人和 CEO。

脱不花是我的笔名，脱不花本是梁羽生的小说《萍踪侠影录》里面的一个人物，不太重要。小说三十一回，脱不花一共才出场三次。但是我很喜欢这个人物。因为与大多数文字作品里的中国女性相比，这个角色身上有一种鲁莽和坦荡交织的魅力，面对自己不纠结，面对别人不纠缠，出场很干脆，结局很壮烈，她创造了一种很勇猛的生命形态。过去很长时间里，我都不知道怎么形容这种状态。直到有一天我看到了《黑天鹅》的作者塔·勒布说的一句话："真正的自由是你做一件事的时候不需要解释原因。"

这句话对我影响很大。现代女性好像已经很自由了，拥有各种维度上的自由，恋爱自由、婚姻自由、就业自由，有人还获得了财务自由、时间自由。但是，我们还没有"不解释"的自由。这表现在我们总是不自觉地跟某种统一的标准对标。社交媒体也总是致力于发明各种各样的新标准，好嫁风、少女感，你要不是傻白甜你就肯定是女汉子。女性自己也很热衷于写自己"心路历程"的小作文，解释自己各种各样的选择。早婚要解释，晚婚也要解释；结婚要解释，离婚要解释；生娃要解释，不生娃也要解释；拼事业要解释，辞职回家也要解释……

时至今日，每个女性管理者、科学家、运动员等，几乎每一个在社会上取得一些成就的女性，倘若接受采访，仍然常常会被要求解释这个问题："请问您是如何平衡事业与家庭的？"我见过的每一个女性都会忍不住说："你们为什么从来不问男性这个问题？"但是，下一次、下一个采访，这个问题还是阴魂不散。发问者默认女性只能做出一种选择，二选一，要么为了事业牺牲私人生活，要么为了岁月静好放弃事业追求。

但真相是无论对于男性或女性，人生都不是二选一，这个世界上有第三种选择——做自己。做自己，别解释。我们不必为家庭抛弃事业，也无须因事业而牺牲生活。而我在与“百丽雅”集团总经理王坤交流的时候，他告诉我，“百丽雅”致力于成为这样的企业：专门服务于“做第三种选择”的深圳女性们，服务于这些自由而独立、活力而潇洒的时代女性。一家企业能够以此为使命，真的很了不起。

面对人生的种种角色，怎么才能像这些新时代女性一样，实现“不解释的自由”？我总结了以下几条。

第一，做自己，全都要。工作、友谊、伴侣、子女、父母、兴趣、学术、名誉、财富、美貌，排名不分先后。为什么认为女性一定会顾此失彼呢？玩消消乐吗？以上所有，完全可以是以女性自己想要什么为出发点，被整合为一盘棋。要什么、不要什么，不是因为要向其他人解释，或者要符合什么标准，而是因为我想要、我需要、我能要。这个世界上的每一个人，都应该是“非标”的。

事实上，王坤告诉我，在“百丽雅”的会员里不乏一边创业一边生娃一边举案齐眉的女创业者、一边精彩工作一边精彩生活的单身女郎、一边领导大家庭一边在专业或者兴趣上不断精进的全职妈妈。

第二，发挥优势，编织网络。在这个时代，女性可以毫无顾忌地发挥自己的优势——织网，而不是搬砖。女性天生擅长交流沟通、擅长运用自己的同理心体察他人的需求，所以，女性更擅长编织社会网络，能够把不同的要素通过自己的连接力量整合在一起。换句话说，真正觉醒的女性，就是天生的领导者。

第三，外包生活，量化自我。所谓外包生活，就是要抓住人生的核心命题，把自己的时间和热情，投注到这些命题上。对于其他命题，要大大方方地承认自己不行，允许自己不会、不能、做不到，尽早学会把一部分命题外包。比如，王坤拍着胸脯跟我说，一位女性来到百丽雅，可以不用再对自己的健康和容貌感到焦虑，百丽雅会告诉你怎样才能让皮肤更好，怎样才能保持身材，你只管关注自己热爱的就可以了。

如果你这样去做，生活会变得简单，你头脑中的待办事件就会变少。千万不要把自己的生活想象成一条条道路，走了这条，就荒了那条。不，我们的生活，是一个无远弗届的社会网络，而这个网络的中心点，就是我们自己。

现在，我谈谈读完此书的感受。借助此书，王坤和他的团队在非常诚恳且积极地传递一些东西：

如果你已经是一名百丽雅的会员，通过这本书，可以知道百丽雅到底是怎样服务你的。

如果你想要成为一名百丽雅的会员，通过这本书，可以考虑一下百丽雅是否值得选择。

如果你是一位丈夫，通过这本书，可以知道该如何疼惜“与你携手披荆斩棘的伴侣”。

如果你是一位服务行业的从业者，通过这本书，可以了解到极致服务之诀窍。

如果你是一位企业家，通过这本书，可以洞察一家踏踏实实做事企业的30年长盛之道。

最终我们都会发现：无论百丽雅提供的服务多么完善，我们各自生命中的不圆满其实是无法通过任何“外力”来弥补的。这就是百丽雅独特的“养心”文化带给我的启示。“我”，是一切的问；“我”，也是一切的解。在我们的一生中，对“心”的觉照是贯穿始终的课题和任务，只有不断地修炼自我、自觉、觉他才能串联起人生的主线。

祝福百丽雅30周年庆圆满成功，不辜负这个时代可以服务女性的机会。

脱不花

2021年8月21日

导读

一、如何准确理解本书的作用

1.

本书是30年来我们关于美业服务积累的心法和方法的总结。准确理解这一点至关重要。如果只把这本书理解为一本操作手册，只关注与自己工作直接相关的一小部分，那么对于该书的理解和使用就过于狭隘了。如此一来，公司内部，不同工种、不同部门之间就会各自为战，目标涣散。

2.

本书的本质，不是为了给美业的工作设置教条，而是为我们赋能。

这本书是百丽雅品控标准的指南针。所谓指南针，就是把“隐性服务显性化”，将存储在部分同事头脑中的知识与执行标准分享给大家。很多工作中的难题，都能在这里找到应对策略。书中提供的标准，能帮助整个团队提升默契，甚至达到一种“集体心流”的状态，让集体的智慧大于所有个体的智慧之和。

3.

本书的赋能作用，可以类比为一个八面体，对应百丽雅，具体表现为考虑到同事、医生专家、顾客、监管者、社会、同行、中立观察者、上游供应商等不同利益攸关者，因而面对的复杂受众面。

（1）对同事：提供工作标准，在工作中时刻有工具可查，找到美业服务的全部心法和方法。

（2）对医生专家：帮助她们尽快熟悉百丽雅的产品、技术和服务标准，并按照它定向执行。

（3）对顾客：本书塑造百丽雅品控的确定性，让顾客在消费中放心地把百丽雅作为自己获得美丽、健康与喜悦的媒介。

（4）对监管者：了解百丽雅有极其严格的自查标准，把品控安全放在首位，增添信任。比如：每年ISO三证年审，工作人员都赞叹：“百丽雅的体系比要求的标准更加严格。”

（5）对社会：展示百丽雅品控的严肃性，使人们理解生活美容服务和医疗美容服务一样，都是严格控制环节的产物。

（6）对同行：促进整个市场形成以百丽雅标准为主的产品体系，锁死恶意竞争对手的想象力。

（7）对中立观察者：塑造百丽雅品控严格、稳定的形象。无论是哪个医生、顾问、美容师、护士，百丽雅都会用严格的品控和稳定性给顾客建立“在百丽雅，美得安心”的形象。

（8）对上游供应商：专业化的千人千面，一人一方的私人定制，已经是每个人实现美丽、健康的必要需求，在本书的指导下，百丽雅会一直为顾客提供单位时间价值最大化的美丽、健康私定化解决方案。百丽雅可以让全体合作伙伴看到“美丽与健康必须建立在安全保障之上”。

二、如何花式使用本书

1.

可能很多人认为本书只与美容师的手头工作相关，这种理解限制了其使用方式。用好本书，会大大拓宽我们在服务工作中的自由度。

2.

花式使用本书的本质，不是把它看作禁忌大全，而是把它视为资源库。

（1）首先，你可以“查阅”。它是一本美业工作工具书，所有与美业有关的服务规则和禁忌都写在了这本书中。如果顾客问到有关服务和品控的问题，你一时不知道怎么回答，本书可以给你答案参考。

（2）你还可以“寻找”。如果你在设计新的服务体验节点却苦于没有思路，可以在手册中寻找灵感。

（3）你更可以“交流”。各个业务线的成果和经验的总结都在这本书中，用它可以打通内部认知，消除理解障碍。如果你想让别人帮忙，你可以先看看，别人是如何应对自己工作中的挑战的。

（4）管理者可以把它当作“教材”。对于新来的小伙伴，可以用这本书帮她快速掌握服务内容和手艺。

前言

在过去的30年里，有14万名深圳女性成了我们的会员，这些会员在百丽雅累计被服务时长超过800万个小时，约913年。对于这些数字，我心存敬畏。

就在过去的数月中，百丽雅的所有同事总结了这30年来我们怎样做好品控，怎样做好门店督导，怎样做好行政支持，怎样做好员工培训，怎样做好企业联盟的一系列方法，这本身就是我们公司内部的核心管理方法。我们把它称为“美的约定——百丽雅30年美业服务心法”，这也是30年来我们关于美业服务的心法。

经过探讨，我们决定把这些方法分享出来。你将在本书中看到的就是我们历经30年所总结下来的宝贵经验。虽然本书总结的是美业的管理方法，但所有服务业都可以借鉴。书中还探讨了“如何服务好深圳高端女性”的方法。因此，本书的独特用途，就是各位可以把它带回家，送给您的家人，送给您希望能够好好服务您的人，好好爱您的人，让TA看到我们是如何爱您的，我们是用什么样的精神、什么样极致的方法去服务您的。同时，希望我们的同行可以借助本书去交流学习，共同净化提升整个行业，让美业服务行业获得更多人的尊重和理解。希望每一个跟我们合作的院校把它作为一本参考书，让它成为护理专业、中医专业、美容专业、皮肤专业、医疗整形专业、康复专业等的一本实践派的、干货满满的书籍。让社会看到百丽雅是一个拥有社会责任感的、自查自纠的系统性美业公司。这本书对我们的意义不仅仅是顾客对我们成长的监督，更重要的是它阐述了百丽雅存活至今的原因。本书的成形得益于我们有 ISO9001/ISO45001/ISO14001 等国际认证或 AAA 级诚信企业的信任背书。更重要的是，本书提炼了我们作为深圳最高端美业集团的发展历程的精髓。

在 1991 年的时候，一个 26 岁的女人孤身来到深圳，她就是我的母亲——百丽雅美业集团的创始人赵青女士。那年我才一岁，生活在老家。当时我们家遇到了一个劫难，母亲身无分文，被逼无奈开始在深圳学习美容。1992 年，她鼓起勇气跟身边的亲人借钱，创办了她的第一家店。这家店开在深圳当时最繁华的一条街——巴登街上。不知道各位对 30 年前的巴登街了解多少？它位于罗湖与福田的交会处，虽繁华但也鱼龙混杂，一个没有背景没有资源的女人如何在此处存活？对于那个时候的母亲来说，能做到的就是把店里的卫生做到极致，于是有了门店的 16 字铁律“一尘不染，一丝不乱，木现本质，铁放光芒”，后来成了我们店的卫生标准。从这 16 个字开始我们不断迭代卫生标准，而这本书如果是 30 年前就开始写作的话，那么第一行就一定是这 16 个字。这条铁律不是来自深邃的管理思想，而是一个女人为了撑起自己全部身家的无奈之举。

接下来的 10 年给予我们最大的启发就是，我们只要把环境和服务做到极致，那些再难服务的高端消费者也会长期跟随我们。我们也明白了美容院的核心交付就是时间和空间，只有提供最极致的服务，我们带给顾客的价值才会最大化。伴随着深圳经济的发展，我母亲的事业也发展起来了，2002 年，也就是百丽雅 11 岁的时候，我母亲在深圳最繁华的地方开了深圳最大的一家美容院，随之也埋下了百丽雅高端服务的种子。

在那三年后，百丽雅的 14 岁生日时，我们的第三家门店在当时成了全国最大的美容院，门店位于深圳海岸城，占地 3100 平方米，当时投入了最好的装修与设备。2008 年，百丽雅 17 岁的时候，我们又在平安金融中心旁开了一家三层独栋的美容院。

经营至今，我们不追求开店的数量与速度，我们追求的是门店设施与服务的极致。百丽雅始终坚持以顾客需求为核心来驱动业务扩展及服务升级。在美业资本兴起之时，我们拒绝资本的裹挟，坚持只聚焦深圳、拒绝加盟，让自己的品牌生命力和服务品质永远掌握在自己的手中。如果本书在 20 年前就开始写的话，有一句话一定会写进去，那就是：打 150 层深的地基，盖 50 层高的楼。我们只跟随顾客前进，绝不改变。

伴随着美业服务行业的发展，医疗美容进入了大众视野。因为我们服务着深圳最高端的女性顾客，很多医院一直在寻求与我们合作，我们的顾客也有这样的需求。但是这里面有一个巨大的问题：如果跟对方合作，品控的话语权就不在我们自己手上了。市场上大部分的医美医院都跟美容院合作，我们发现很多医院都是每两年更换一个品牌，甚至团队都不变，只是换个地方又开个品牌而已。这对于我们的顾客来说是不公平的，可能会把她们带入风险，所以我们决定自己开医美医院，并且决定所有医院百丽雅必须自持物业。自持物业意味着我们只能将医美服务做到零风险。这样一来，我们就只能好好干下去，要干就干到最好，因为我们自己承担风险，无法逃避。

2013 年，百丽雅 22 岁的时候，我们开了第一家医美医院，后来我们一共开了 5 家医院，有妇科、牙科，甚至还开了一家医院专门做文绣服务。现在，我们在凤岗拿下一块地皮，正在建造属于百丽雅的康养中心。

当时，我们遇到的挑战就是：如何为大家找到最好的整形医生，如何为大家找到最先进的医疗器材，如何做到最严格的医疗风控，等等。我把这些都写到了这本书里面，以便大家体验医疗服务时、有医疗整形需求时，学会如何选医生、选仪器、选器材，以及如何做好自己的医疗风控。

同时，我们还遇到了另一个挑战，那就是如何进行顾客引流。百丽雅的所有成本已经投入了最佳的设施建设、最先进的设备配置、最顶尖的医疗人员中，无力承担高额的广告费用。是所有投入押在为顾客提供极致的服务上，还是选择流量？百丽雅没有动摇，坚定地选择了顾客。那么，不靠渠道不靠信息流，我们的门店该如何获客呢？这就倒逼我们催生出一种新的商业模式，那就是收购别人开不下去的店。于是我有了一种能力，只要我去一个社区的周边转一下，就能知道这个社区的入住率，然后再观察这个社区人员的生活作息以及开关灯时间、美发店的经营情况、宠物店的经营情况等，我就能判断出我们收购这家店后能否改造和转化它。

其实，大多数时候我们都不需要长期经营收购来的店，因为附近就有我们的高端门店。我们把这些运营方法列在了本书里面，只为了供同行借鉴，帮助他们做好自身的品控。

2016 年，百丽雅 25 岁的时候，我开始继承家族企业的工作。我的传承是效仿我母亲的经验：从拜我们每家门店打扫卫生的阿姨为师作为起点，开启我的工作。我穿梭在各个门店，打扫门店，清洁厕所，体验百丽雅每个岗位的工作，让所有人审阅我的学习成果。

2018 年，百丽雅 27 岁时，我正式担任企业的总经理。我遇到的第一个挑战就是：一个没有经验的新人如何做好企业管理的工作？于是我借用了自己学来的方法并加以改良，即让公司的每一个员工都拥有自己的知识产品，让她们可以将自己行之有效的经验和方法复制给企业里所有员工，我将这套方法也在本书里做了分享。

成为百丽雅的总经理以来，让我感到最骄傲的一件事就是：我带头完成了企业从信息化到数字化的改革，搭建了完善的顾客美丽计划数字化系统。这件事最大的价值就是以最快的速度打通我们的数据，保证我们的顾客到任何一家门店都可以享受到她当下需求的项目。我把企业数字化改革的这一方法也写进了本书。

迄今为止，百丽雅是美业唯一一个发布自己的管理方法论的企业。在这里特别想感谢一家公司，我不知道大家会不会好奇我的这些灵感从哪里来的？

在过去的四年期间，我带领全体员工坚持在得到 APP 上学习。前言部分内容的撰写受到“得到讲师训练营”的启发，而本书的编写则源于《得到的品控手册 7.0》。在此，我要特别感谢得到 APP 给予我的帮助。

现在，我将百丽雅 30 年以来最宝贵的服务及管理经验集结成册，于是就有了这本书。书中阐述了我们的服务理念、督导体系、人才成长体系与信息体系建设等实际情况；层层剥茧，分析了美业行业的现状和发展前景；解答了美业行业怎样做好品控、门店督导、行政支持、员工培训、企业联盟等一系列的发展疑惑。此外，书中还提供了经过实践检验的运营策略，为美业行业发展壮大提供了切实可行的经验指导和理论知识。希望在减轻大众对于美业行业的误解和疑惑的同时，能促进美业相关工作者的交流沟通，共同净化提升整个行业风气。

CONTENTS
目录

第一章　企业文化传承

百丽雅
始于·一九九二
在百丽雅 美得安心

如何让员工与公司同频

一、如何准确高效地介绍公司

1.

对外介绍公司，这个任务的本质并不是展示公司，而是针对性地满足对方的信息需求，提供信息增量，是一次有对象的、挑战性的分享服务。百丽雅作为一家服务鹏城精英女性 30 年的企业，理应把公司介绍作为一个服务环节来打磨和交付。

2.

在准备介绍之前，应提前了解对方的背景。至少需要先了解：这次服务的对象是谁？是政府部门、媒体朋友、合作伙伴、未来的同事，还是潜在会员？不同背景的来访者，对一家企业的认知有不同的参考系，因此会有不同的关注点。

3.

通过了解对方的职业和身份背景，可以预先判断她们对公司的了解程度。比如，即使已有所了解，在介绍之前，仍需询问：“请问您之前接触过百丽雅吗？”如果对方是资深的老会员，那么我们的介绍肯定不能以“创始人是赵青”开场，因为没有为对方提供信息增量；如果对方此前还没有到店体验过，那我们的介绍就不能从百丽雅的使命、愿景、价值观开始，因为我们还没有取得对方的信任，就无法在观念层面进行沟通。

4.

针对不同类型的服务对象，做针对性的介绍准备。每一次使用公司介绍的标准 PPT 时，都应从头到尾进行检查，排查是否有不符合本次交流目标的信息，针对本次会议的对象做删减或增补。例如，每一次沟通所使用的介绍 PPT 都应在开头和结尾增添与对方有关的专门的欢迎语与结束语。

5.

对政府部门，应先介绍企业规模、创办时间、雇员人数、纳税情况、奖项背书等基本信息，帮助对方在自己的知识参考系内，对我们进行定位，然后再向对方介绍我们的业务特征。

6.

对上游供应商，应先介绍公司的整体业务结构和合作文化，因为大部分供应商只了解与之对接的业务，而缺乏对全貌的了解。了解全面情况，有助于对方与我们建立共同的工作方式。

7.

对潜在的医生专家、未来的同事，应重点介绍百丽雅会员的画像，以及百丽雅与其他专家合作的实际案例，特别是协作模式。因为专家最关心的就是求美者的特点和医资共同体的情况。

8.

对百丽雅有不同了解程度的来访者，对介绍的详略有不同的预期，我们应该针对性地提供信息增量。你问对方“您来我们店里体验过吗”，如果对方的回答是，“之前来体验过一次，但还不是会员，对百丽雅还不了解，不熟悉”。那么，你应该重点讲百丽雅的发展历程，分享几个里程碑事件，以及事件背后百丽雅服务和技术的迭代，讲述百丽雅是如何一路发展到现在的。

9.

如果是非常熟悉公司品牌的重要的资深会员，可以提前了解对方最常体验的项目是什么，针对性地介绍她们所熟悉的项目服务的幕后信息。

10.

主动为对方提供建立下一次沟通界面的选择。介绍是双方关系的一个起点，带着美业服务者的自觉，我们应该在交流结束时主动提供自己的企业微信，告诉对方，未来有关于公司品牌的问题或需求，可以联络你。对方可以选择加或者不加，我们只是向对方提供一个可以与你与这家公司建立长期沟通界面的选择。

11.

介绍公司这项工作本身就是服务环节，我们要用这个环节服务好不同的来访者。在本书附录中，你可以找到一份基础版的百丽雅介绍作为参考。但请一定要记住，真实场景中不存在一个所谓标准介绍。作为一名美业服务者，你是在面向真实的人做介绍，你是介绍的主体和这次服务的创造者、主导者，你要为对方的体验负责。

二、如何让员工理解并遵循公司的使命和愿景

1.

员工和公司未必要终身合作，但是，至少要阶段性地志同道合。如果一名员工不能从公司的使命、愿景中找到符合自己目标和信念的要素，那么他就很难从自己的职业中获得意义感和存在感。

2.

百丽雅的使命：让每一位女性美得安心。

百丽雅的愿景：成为一家卓越全球的中国美业集团，“引领美业，卓越全球”。

使命就是你到底想解决什么问题，愿景就是你最终想成为什么样子。

3.

要试着在公司的使命、愿景和自己的工作之间建立关联。你可以按照“顾客—链接—优化”三步框架来推进。第一，把使命、愿景的抽象表达还原到几个典型的顾客场景中，理解文字背后具体的、活生生的人；第二，思考自

己的岗位、正在做的事情，对这些人有什么直接或间接的作用，在自己做的事和服务的人之间建立连接关系；第三，思考如何优化自己在做的具体的事，才能优化这个结果。

4.

学会把使命、愿景放在具体的顾客故事中去理解。比如：什么叫“让每一位女性美得安心”？想要试图理解“每一位女性”，你得先理解具体的“一位女性”。比如下面这个顾客故事，你能从中找到自己的连接吗？

我们的美容师小芳，几年前她看到顾客的腿部因为某些原因导致过敏出了一些红疹子，在服务完项目后，特地准备了中药炮制的水为其擦拭过敏的地方。因为这样一个小细节，那位顾客选择了这里，后来成了百丽雅多年的会员。

什么叫“成为一家卓越全球的中国美业集团”？就是无论技术、服务，还是专业度都要超前于现有的时间和地域。百丽雅能不能为所有高净值女性服务？能不能匹配所有时代新女性的品位？只有服务好对自己严标准、高要求的精致女性，才算百丽雅的本事。

当顾客从服务中享受到附加值，员工也从服务的过程中获得了认可与欣赏，成了更加出色的自己。这样的故事在百丽雅还有很多，你只需找到一个从服务中获得力量的真实故事，然后开始下一步。

5.

从真实的顾客故事和需求中找到自己的存在价值。请明确回答这个问题：我所在的岗位工作，给这个故事中的人创造了什么价值？

如果你的岗位是信息系统运维，那么多亏有你，是你为公司维护了良好的美业服务基础设施，才能让精英女性和优秀的美业人才在此相遇。

如果你的岗位是运营，那么是你的工作吸引来了越来越多的爱美女性，培育和维护着三养文化的发展与延续，才有了故事中的优秀会员，让她们彼此看见，让她们在变美、变健康的道路上相伴而行。

如果你的岗位是技术，那么是你的手艺让更多伙伴从新人到专家，让优质的服务与最严谨专业的知识可以超越时间、空间，服务于更多精英女性。

如果你的岗位是财务、法务、人力、行政，那么多亏你的存在，在人群中为上述岗位挖掘更多优秀的人才，保护她们、支撑她们，为她们创造简单透明的工作规则，让她们可以更安心地为百丽雅解决问题。

随着业务的发展，岗位类型越来越多，你会发现，如果你所做的事情是有意义的，那你总是会和故事里的人产生关系，建立连接。

6.

为自己的岗位和顾客的需求之间关联创造更多价值。在百丽雅工作，你所面对的工作场景、工作任务可能以天为单位在不断变化，没有主线和主见，很容易疲于奔命。那么，作为个人，该如何理顺思路，部署自己的资源和精力？

方法是：定期审视自己的岗位，重点审视自己的岗位和顾客真实需求之间的关系，然后按照“重要紧急四象限法”，重新规划自己的工作。持续迭代，找到那个你最能为顾客创造价值的具体抓手。

我们像跑长途的人，心里有两怕：一怕路上没人纠偏，二怕心中没了彼岸。使命是帮助我们纠偏的“辅助线”，愿景就是我们的“彼岸”。“百丽雅”做的事越来越多，每走一步，我们都要用使命和愿景来校准自己的决策和行动方向。

三、如何让员工在行动中融入公司的价值观

员工在公司里看到的往往是一连串的行为事件，而价值观则是行为背后的动机。

价值观不是公司的观念，而是公司做事的指南针。你在任何选择关头，都需要调用价值观来做指导。

新人要想快速理解价值观，最快速的方式是从理念到场景，把抽象观念放到具体工作中理解。可以从“必须做的事”和“决不能做的事”两个层面，

各找一个具体例子，还原到工作场景中去理解“什么是我们追求的金线，什么是决不能碰的高压线”。

在百丽雅，我们遵循的核心价值观有五个：长期主义、共同体意识、匠心精神、孝道文化、头部标准。

1. 长期主义

长期主义意味着基于长期做决策，追求可叠加的进步。百丽雅创始人赵青常说“不做 500 强，那就做 500 年”。有人把长期主义理解成“坚持”。其实，长期主义是指持续地不被诱惑。它是让我们持续地生活在一个警醒中，即“一旦中断，前功尽弃”。百丽雅的每位伙伴都力争做到，“用我生命的 50 年陪伴您美丽健康 50 年，为每位顾客的美丽、健康、幸福、喜悦保驾护航”。

如果还原到工作场景中，长期主义在不同工作岗位的体现是不一样的。对于技术部门来说，“必须”始终如一地保持均质的品控标准和品控强度，“决不能”脉冲式品控。

对于出品部门来说，长期主义意味着每一次服务都要考虑“积累品牌资产”。假设有两种方案，一种是选择流行的设计方案，另一种是坚持百丽雅绿和蝴蝶元素。那么，遵循设计“必须”符合超级符号的原则，我们就应坚持采用积累品牌资产的设计——百丽雅绿和蝴蝶元素，“决不能”因外界因素变化的干扰而放弃这一原则。

对于运营部门来说，每一次服务成功的衡量标准有且只有一个，那就是这次服务是否提高了更多人对百丽雅的信任度，单次成交金额不能成为决定性指标。“必须”以获得顾客对下一次服务的期待为第一目标，“决不能”为了其他目标而损害顾客的服务体验。

2. 共同体意识

百丽雅的所有成员，都将一同“共创智慧、共享幸福、共赢成果”。我们从利益共同体、荣誉共同体，到精神共同体，最终成为命运共同体。所有员工都应像家人一样，紧密互动共同发展。

我们要做到三个“必须”：

“必须”高度尊重合作者的品牌声誉，在合作者胜任的前提下，利用我们的力量为合作者背书，“决不能”以损害他人或其他单位名誉的方式为个人获利。比如，各单位之间应相互配合、相互补给，拒绝拉踩。

“必须”尊重供应商，把每一个合作专家都当成自己的老师，“决不能”利用自己的甲方身份霸凌乙方。比如，若因我们的意见反复而增加了合作专家的工作负担，我们要先表达歉意，再协商如何推进。

若因工作需要跟合作方一起进餐，百丽雅员工“必须”主动结账，“决不能”主动或被动让对方买单。

“必须”主动按照合作协议管理好账期，“决不能”由于我们的原因导致账款拖延支付。

3. 匠心精神

在工作中，我们因专业的技能和优秀的结果获得了所有人的尊重，成为同业者追随的对象。对于百丽雅人来说，“匠心”就是精益求精、一丝不苟、精雕细琢。匠心是一种情怀，是一种执着，是一份坚守，更是一份责任。

比如：百丽雅的新人美容师都是从不熟悉到熟练，日复一日，年复一年。用心找到专业核心和技术关键，明确方向，认真研究，想方设法达成目标，我们就能成为行业专家，这就是简单重复的力量。精进不妥协，追求极致，点滴努力终将转化为质的飞跃，收获成长。

我们独有的金三角结构，以及技术主管这一角色，就足以证明百丽雅对“匠人”的尊重与欣赏。在这里，美业人不再只把工作当作获得报酬的工具，而且用匠心精神对待每一位顾客，成为美丽与健康的助力人。

4. 孝道文化

百丽雅的孝文化要求所有员工“一日一短信，一周一电话，一月一邮钱，一节一礼物，一年一相聚”。小孝是陪伴，多与父母沟通；中孝是传承，传承家风与财富，为家庭和生命传递正能量，为家族荣誉而努力是对祖辈更大的孝；大孝是超越，成为父母的骄傲，做出有价值的成就。

比如：百丽雅每年会花费上百万元用于培育家庭孝文化，形式多样。董事长亲自带领高管去全国各地员工的家里拜访，亲自送上礼物；邀请员工父母参加国内外旅游；引导员工以不同形式执行孝道文化，同事之间相互检视；等等。

在公司里打造贵族精神，要求每位百丽雅人既要有文化教养，又要有社会担当，成为自律的灵魂。百丽雅包容与尊重员工的多样性，让每一位员工融入大家庭，在家庭中成长。晨露汇聚，上下一心，个人的使命便与企业的使命合二为一。比如，在公司 2018 年的年会上，百丽雅每位员工都为自己的父母写了一封内心独白信，这是很多人第一次正式用亲笔书信的方式与父母进行心与心的交流。

5. 头部标准

这是我们做事的态度。不分前台、后台，都勇猛精进，保持领先，为顾客提供最好的服务。

比如：百丽雅若要引进一个仪器，就要尽可能多地调研该领域的竞品与背书，仪器厂家“必须”符合行业水平领先、公司能力领先、专业背书过硬的三条标准。比如，在 2020 年时，我们迟迟没有引进热玛吉五代。一方面是因为疫情限制进口，而我们宁可没有也一定坚持从正规渠道买到正品；另一方面是因为当时的热玛吉五代还未通过国内官网机构认证。即便是市场上热玛吉五代如此火爆，客户需求如此高涨，但为了确保提供给顾客的一切都是最好的，让顾客美得安心，我们没有跟风引进。

百丽雅聘请一位专家，“必须”先判断其资质是否已经是业内权威，经验是否足够丰富。工作经验没超过 20 年的医师均没有到百丽雅面试的资格，我们的医师团队中有很多人都是从业 20 年以上的外科主治医师。

对于一个公司新人来说，上述描述可能会让他感到抽象和模糊，这也很正常。最重要的是让员工知道：想要融入一个大家庭，想要被欣赏与尊重，最快最好的方法永远都是“让自己被看到”。

百丽雅在做什么

一、如何全面理解美业的极致服务

1.

在百丽雅的数万会员当中，十多年二十几年的比比皆是，跟随我们时间最长的会员是从百丽雅第一家会所一直陪伴到现在，整整 30 年的时间。为什么百丽雅能够拥有热衷度如此之高、数量如此庞大的会员群体，并且对我们有着毫无保留的信任呢？

2.

之所以有这么多的会员愿意跟百丽雅一路走来，不离不弃，正是因为我们 30 年不变的高品质与细致服务。在服务行业，只有把品质和服务做到顶级，才是对顾客最好的爱。

3.

百丽雅追求极致服务的意识源于企业的 DNA，百丽雅从成立伊始就带有“苛刻基因”。1992 年在深圳最繁华也是最复杂的地方，百丽雅第一家会所——巴登街店诞生了。巴登街坐落在当时最繁华的罗湖区和福田区的中间，服务的顾客非富即贵。

4.

因此，我们从一开始就对品质有着极高的要求。二十几平方米的地方光装修费就花了 3.2 万元。在 20 世纪 90 年代，百丽雅就开始了品牌化、标准化、系统化的运作，大到 VI 体系打造、服务与品质流程的建立，小到水杯、窗帘、垃圾桶等细节的管理规范，都有严格的执行标准。

5.

除此之外，百丽雅还开创了各种美业先河。比如：开放式配料吧，把大通铺改成独立客房，设立独立前台、独立洗手间以及独立洗浴房；首创脸部按摩，身体护理，女子学堂，营养餐吧，等等。从那个时候起，百丽雅成了整个行业的风向标，成为同行跟风学习的对象。

6.

在百丽雅之前，没有人谈过身心灵大健康的美业蓝图。我们首次提出了“养身、养颜、养心”相结合的三养文化，来到百丽雅的每一位会员都能够享受到身心灵的呵护与陪伴。

二、如何理解美业的高净值女性服务生态

1.

百丽雅提供一系列服务，关于生活美容的、医疗美容的，关于仪器的、手法的，有中式的、西式的，有针对皮肤管理的，也有针对身材管理的，形成了丰富的服务生态。长期以来，我们一直在培养员工以整体视角去了解公司的服务，为顾客带来的是全套解决方案。

2.

我们的服务生态，不是按功能类型分类的，而是按高净值女性变美、变健康的需求搭建的。

3.

想要为每位女性的美丽健康、喜悦幸福保驾护航，就必须拥有以下三种资源。

（1）丰富的项目仪器资源，让顾客在精细化的需求中找到多种解决方案，比如改善颈纹、臀部护理等。

（2）权威的医师专家资源，让顾客在美丽与健康领域不必再费心寻找。

（3）良好的个人成长资源，让顾客获得心灵上的充盈和优质社群的支持。

4.

在项目的丰富多样性方面，选品不应该以热度为唯一的衡量标准，而是从顾客的需求出发。哪怕只有少数顾客有这方面的服务需求，我们也会引进；哪怕再火爆的仪器，如果在功能、功效上与其他品项重叠，我们也坚决不引入，因为我们服务的群体就是那些少数、懂生活、爱自己的精致女性。

5.

在医师专家的权威性方面，我们是出了名的“筛选医师极其严酷”。顾客来到这里就能享受到一站式服务，来到百丽雅就不用再在安全可靠性上大费周章地做研究，这是我们提供的最基本的保障。我们需要医师每次面诊都是在“降维打击”，这样我们才能真正确保每一位顾客“在百丽雅，美得安心”。

6.

在个人成长方面，我们的三养文化——养颜养身养心并轨前行，让顾客从里到外成为精致的三养女神。关于心理健康、舞蹈与形体训练、两性相处、亲子教育等各个方面都已建立起成熟的课程体系。比如，疫情期间百丽雅开设公众号，陪伴每位顾客度过艰难的时光。大到哲学、心理学，小到亲密关系的相处，与顾客一同成长，迎接“她时代”的到来。

三、美业极致服务的核心附加值是什么

1.

百丽雅的董事长提出了“百丽雅三养文化”，即“养颜、养身、养心”。我们除了给予顾客养颜、养身的满足之外，还做到了养心，为顾客带来深层次的满足。来百丽雅的每位顾客都会享受到三养文化的滋养，有着对自己的“自我犒赏之心”“自我疼惜之心”“被全然呵护之心”。

2.

我们养的是顾客的“自我犒赏之心”。什么是自我犒赏之心？有的女孩

子工作忙了一天，可能会买一杯奶茶来犒赏一下自己。我们服务的顾客是对生活有更高追求的女性群体，她们犒赏自己的方式可能不是一杯奶茶就能满足，她们需要通过一种媒介与自己拥抱，“她们很爱自己，值得更好的犒赏”。因此，才会有那么多深圳女性选择百丽雅，来到我们这家在金融 CBD 拥有三层独栋的高端美容院做一次美容，完成一次由内而外的自我犒赏。

所以，我们在服务顾客时，永远说的是憧憬的未来——“姐姐你做完这次的项目会变得多么好”，而永远不会说“这个项目你不做会多么可怕，会有什么损失”。那些为制造出的恐惧而买单的人，不是我们的目标顾客。因为现代女性是为了犒赏自己、取悦自己而美，绝非“女为悦己容”，而是“女为取悦自己而容”。

3.

我们养的是顾客的“自我疼惜之心”。什么是自我疼惜？就是让顾客感知到自己被爱。不要小看给顾客做的每一次 SPA、每一次身体放松。从表象上看，美容师只是给她们做脸部和身体的按摩，实则是通过服务传递，让顾客感受到无条件的爱、全然的爱。员工实则铺就了通向爱的通道，交付给顾客的是美丽和健康。所以我们每个人缺的不是爱，而是让爱传递的通道，在这个过程中铺路者也在自我修行。

4.

我们养的是让顾客感知到“被全然呵护之心”。如今是信息经济的时代，狂轰滥炸的信息耗费了我们过多的时间和精力。即使家人待在一起，也是各自刷手机，刷着碎片化的信息，难以在家里享受到全然被对方陪伴呵护的感觉，而被全然陪伴呵护是每个人的内心需求。因此，我们的美容师在服务顾客时是不允许带手机的。我们还会持续给每位员工进行心理培训，从早期的海文到陈海贤，到李松蔚。让员工学习心理学的课程就是为了让每一位美容师都拥有心理咨询师的基础素养，带给顾客如心理咨询般贴心的陪伴。我们既是她们的“服务者”又是她们的“咨询师”，给予她们全然的陪伴，从而让她们的心灵得到最好的慰藉。

在服务顾客的这几个小时里，给顾客足够的关注和陪伴，关注她们的身体和情绪，这就是为顾客提供全程陪伴与呵护的养心体验。

5.

我们为顾客带来的核心附加值就是与顾客心连心地陪伴与成长，养好顾客的三颗心。第一是养好顾客的自我犒赏之心，第二是养好顾客的自我疼惜之心，第三是养好顾客的被全然呵护之心。这就是百丽雅人共同为之努力的目标——让每位女性能够“在百丽雅，美得安心”。

美业的服务原则

一、为什么要设置服务禁区

百丽雅与顾客之间“长期陪伴，共同成长”的关系，决定了我们在行动上的很多不可为。而且，我们在与顾客的相处中不断学习，获取养分，迭代我们的理念。我们从实践中总结了三大服务禁区，坚决不可为。

（1）不以制造危机的方式跟顾客对话。什么是制造危机？比如，对顾客说：您如果不再做这个项目了，您可能就会出现什么什么问题。我们不允许员工跟顾客说这样的话。我们要对顾客说：您做完这个项目，三个月之后会变成什么样子。我们不想给顾客引发任何负面的遐想，只想告诉顾客，如果做，会怎么样。

（2）不引导顾客以取悦他人的角度来买单。我们不允许员工说类似这样的话：您做完这个项目，您老公会对您更好。为什么不允许以“取悦他人”的方式呢？我们研究发现，现代女性更在意取悦自己，让自己变得美和健康是对自我的犒赏。任何以讨好他人的心态进行变美消费的，都不是我们与顾客建立长期关系的目的。

（3）不允许对到店的新客进行强制性卡项营销。我们不允许员工对前两次到店的顾客主动营销卡项。或许我们刚好有活动，或许我们多说两句就会多收获一些业绩，但这并不是我们所期待的。我们重服务轻营销的原因是：不想让顾客感受到我们之间只是物化的交易，不想让顾客感受到我们之间只是价值交换的关系；我们想让顾客感受到的是，我们与顾客有对于美好的共同追求。

二、怎样理解顾客的诉求

1.

根据马斯洛需求原理，人们的需求大致可划分为生理、安全、情感、尊重和自我实现五大需求。作为美容服务业，我们为顾客提供的就是服务上的专业安全、情感上的呵护陪伴，顾客因我们的服务而变得更自信、更美、更有魅力。

2.

顾客对我们的首要需求就是“效果与专业”，所有的服务都是我们对专业度的补充，专业是我们的根本。但是，顾客并没有时间去搞懂“专业是什么”。因为美容不可避免地存在“安慰剂”效应，会影响顾客的判断。因此，为了能够让顾客直观地辨析优劣，我们要尽可能地把可量化的标准展示给顾客看。为此，我们拿到了 AAA 级认证企业，ISO9001、ISO45001 和 ISO14001 的三证认证，用国际最高级别、最困难的认证体系来证明我们品牌的专业度。

3.

除了“效果”这样的显性需求之外，顾客还有很多隐性需求，我们能够满足顾客的隐性需求，才是让顾客愿意选择我们的深层次的原因。

4.

顾客来到这里，不仅仅是为“祛痘”或“美白”，她们走进美容院的动力其实是为了找到一个能够全身心放松的地方，而我们能为顾客营造这样舒适的场域。比如，走进百丽雅，顾客视野范围内是看不到行政物品的，这样就避免让顾客联想到紧绷的工作状态。

5.

“理解顾客的诉求”，这句话里最重要的词是“理解”。关于理解，有三个关键点：（1）找到顾客的诉求；（2）理解顾客这个诉求背后想解决的问题是什么；（3）设计服务节点来解决这个问题。

6.

对于无法理解的顾客诉求，想办法直接联系到顾客。直面顾客了解其诉求能避免过多依赖主观判断，避免因猜测动机而忽视了人与人之间的交流。当你跟顾客面对面坐在一起时，能更快地了解她的诉求源自哪里。

7.

顾客的需求都有其理由，但这不意味着我们都要满足她们。例如，顾客经常吐槽百丽雅贵，那么降价就是解决问题的方案吗？顾客吐槽的背后可能是凡尔赛式的炫耀。也许，顾客的潜台词是“百丽雅这么贵，我还在百丽雅消费了这么久”。又或许，顾客更深层次的需求是：如何获得与众不同的重视与关注。解决顾客一个需求，可能有很多种方式，顾问 / 咨询师 / 设计师的作用就是要用合适的方式来解决顾客的深层需求。

8.

理解顾客的诉求有一个很重要的维度，那就是数量。有多少顾客有类似的需求？这些顾客的目的是一致的吗？比如，在店里拍照发朋友圈这个需求产生的原因，有些顾客是为了分享探店体验，有些顾客是想体现自己的精致生活，有些顾客只是想展示自拍照，那么，员工在帮顾客拍摄时，就要找到她们的侧重点。

百丽雅的品控体系

一、如何打造国际级的品控体系

1.

很多同事认为，品控是技术主管和医疗部主任以及医生的工作。这种理解其实是不对的，会导致很大的品质风险。不逐项地深入理解这些特点，就无法实现持续高质量的品控。

2.

为了实现全量全线达标，我们构建了具有以下三大特点的品控系统。第一，企业扎根在深圳，但对标国际。第二，企业的 DNA 里刻着操心命，只做直营不加盟。第三，不要人气盘口碑，专注于信用度不做渠道。这样的认知和追求源于我们 30 年来始终秉承的经营理念：盖 50 层高的楼，打 150 层的地基。我们坚定地做一个长期主义者，一切决策都离不开安全与稳健是我们的第一价值观，我们希望每一位顾客都可以感知到“在百丽雅，美得安心”。

3.

百丽雅是全国唯一一家通过三个 ISO 国际认证的美业集团。但我们又只做深圳市场，并且只做直营。我们为什么要如此费劲地做这么多国际化标准认证呢？因为在百丽雅的观念里，美丽必须建立在安全和健康之上，我们只有追求国际最优的标准，才能对得起顾客的信任。我们不能因为顾客没有精力全方位地识别一个美业机构的专业度，就得过且过。相反，正因为顾客没有时间去甄别，我们才要找到国际最严苛的监督检查机构，来帮助她们高效审视我们的专业水平和服务品质。

4.

有些企业，一旦建立了品牌高度之后就开始加盟扩张。为什么我们不走这个路线让自己的企业做得更大呢？因为高端美容不像快餐食品，是难以标准化操作的。我们只做深圳直营，而非全国加盟，因为我们知道加盟会削减督导的力度，会伤害品控系统的落实。说实话，直营和加盟其实是存在一个利益诉求冲突的。加盟，在我们眼里更像美业的一个魔咒，在没有监管触及的地方，就有“挂羊头卖狗肉”的风险，这可能会直接抹杀我们30年来的辛苦努力。

5.

为什么百丽雅在消费者群体中知名度不高？因为我们只专注于高信用度，而非高知名度。我们不做宣传推广，没有铺天盖地的广告。我们都知道，资源是有限的，投在营销上的资源过多必然会消耗服务所带来的现实价值。我们其实就是把其他美业公司花在广告营销上的钱，花在了引进产品、仪器和服务培训这些地方了。归根结底，我们所有投入的出发点都是“如何让顾客安心地变美”这一件事。

二、为什么“金三角”是美业顶级品控的核心

1.

我们知道三角形是世界上最稳定的结构，我们在美业之所以能够如此稳定发展，金三角模式可谓功不可没。金三角由会所总经理、行政主管、技术主管组成。三者缺一不可，在工作中，凡事不可拖延，收到就要做到。

2.

我们每年在“金三角核心价值论体系管理培训”中，会让每一位高管都

清晰认识到自己所承担的责任及创造的价值。这对企业来说是至关重要的，互相提醒、相互配合才能实现企业经济效益的最大化。

3.

会所总经理的经营离不开行政主管和技术主管的支持与协作。因此，每一位百丽雅会所的统筹者，都需要具备生美和医美的专业知识、高水准的服务能力、行政统筹以及规划部署能力、人才管理与团队打造能力、客户服务管理及升级的能力、财务成本管控能力，才能更好地以全局的视角进行统筹。在行政与技术的支持下，会所总经理才能够专注于演讲沟通、危机及突发问题的解决、市场公关、顾客关系维护。

4.

百丽雅的行政主管不同于其他企业，有更大权限的同时也承担着更多的责任。行政主管要负责准确地上传下达、会议管理、人事物管控分配、员工在册管理、顾客品项在册管理、供应链管控、服务升级、拜访维护等。

5.

技术主管是百丽雅特有的岗位，专业的技术和可靠的效果才是美业长久的关键。技术主管要负责项目专业硬件及软件的监管、专业培训与考核制度管理、师徒关系的建立与维护、专业技术监察等内容，确保能够始终如一地给予顾客专业的服务。

三、为什么要设立技术主管岗位

1.

常规来讲，服务与功能二者是难以分割的，但如果要追求卓越的服务就必须分开考虑这两者，因为卓越取决于服务与功能的结合程度。如果一次服务只能让顾客感受到情绪上的愉悦，那还是不够的。卓越是在情绪愉悦的同时，还要达到功能上的效果。技术部门就是这样应运而生的部门，是百丽雅获得长期效果的保障。

2.

技术主管的任务之一就是培训新员工。通过面谈了解新员工的工作经历、家庭背景、个性特点等，符合百丽雅美容师七个硬性标准后，为其制作《花名册》；制定本会所新美容师培训计划表，包含培训进度规划、训练时间、练习量、仪器/手法次数、模特反馈信息记录等。新美容师都会经历练习、考核不通过、再次练习考核，重复多次直到合格后才允许为顾客操作上牌的项目。如果新员工在服务高峰期能熟练配料且准确，才能达标上岗。

3.

日常的督导检查是持续高质量的保障，关于仪器的维修、产品的有效期等都有严格的检查步骤。比如，关于仪器管理，要对常规仪器有维护诊断能力，每天20分钟仪器洁净度检查，并记录在"正常运作登记表"中，确保设备在正常状态下服务顾客。如检测到异常需维修，要及时联系专职维修师傅并反馈技术部解决。例如，针对每一台仪器，要汇入《百丽雅仪器设备清单》建立档案，要在《百丽雅仪器维修登记表》中立档每一次维修记录并检测；明确使用寿命，到了报废日期的，走审批流程进行设备报废申请，并保管登记仪器备用配件，确保每台仪器负责人检查并签字；对于消耗类配件，技术主管需提前做好申购，并按标准进行备注。

4.

技术主管工作的一天是如何度过的呢？上班第一时间，用10分钟时间阅读《管理人员交接本》、微信群的会议通告，跟进事项立刻回复并落地执行。接下来，查看《业绩消耗汇总报表》，分析跟进销售来源项目、消耗客流量。

这些数据的作用，一是作为全体美容师的指导资料；二是有效跟进会所技术部的客流量；三是与金三角同步信息，呈报店经理提交方案；四是检查设备及会所环境卫生；五是培训美容师项目或督进练习、考核等相关工作；六是巡房检视美容师的服务及实操操作，对需要提升的点给予指正辅导，并再次考核。

接下来，用 5 分钟时间查看各时段的《BOOKING 表》约客到店量。分析需求，回顾之前所做项目的满意度，跟进服务的售前—售中—售后准备工作。再用 15 分钟时间，分析《日报表》、项目、仪器、客流、消耗状态，指导全员给顾客进行专业科学的项目搭配。接下来是例会环节，表扬前三的顾问和美容师并邀请其分享，带动全员做专业疗程设计、有效专业开发，保障顾客对项目效果的满意度，从而达到客流量良性循环。

5.

技术主管还要随机进行语言沟通方式的检验；依据早晚班，分时段抽检房间顾客的技术操作 5A 流程服务；进行例会检验；检查仪器正常使用状况、仪器使用频率，保障及时维护；定期安排时间培训“房间标准操作服务流程”“标准职业礼仪话术”“标准会客能力清单”。

6.

每周用 20 分钟时间检验配料房的院装和套装产品的有效使用期、有效成本量、安全卫生标准，从而保障项目如期消耗、成本合理控制、管理工作有效运营。遇新品推动、项目促销推动或沙龙活动时，第一时间做好相关物料补充，保障活动有效进行。

7.

为了持续输出高品质的技术效果，遇到特殊顾客，比如投诉客、敏感客时要陪同跟进，有效衔接技术与操作服务，保障顾客对技术服务的满意度。

依据当月的“培训考核计划”安排空当时间，对新老员工的上牌项目进行局部的抽检考核；依据当月各类专家服务活动，第一时间协同经理及运营中心管理人员，有效对接整合“顾客诉求及问题资讯”的电子建档跟进和学习，保障技术不落伍。监察各个房间技术操作的配料服务，合理安排空当时间接受技术部经理的检视考核，从而让员工在技术领域得到提升，精益求精地为顾客提供服务。

8.

利用空当时间查看美容师的档案，包括晋级、投诉事件、合同、婚育、奖励荣誉等，及时进行表扬、鼓励，进行有效引导，从而保障“人力定编”工作的运行。此外，还要定时与技术经理探讨技术需求、顾客需求、技术投诉宝典，合理研发技术、保障顾客满意度，等等。

9.

在我们企业里，最受欣赏和尊重的就是“匠人”——美容师。美容师做的绝对不是“体力活”，而是帮助女性变美与释放本性。我们的董事长曾说：“美容师是我们最重要的宝贝，是成就企业的荣耀。”技术主管就是这些宝贝背后的“良师益友”。

四、为什么说“行政主管”的岗位不可或缺

1.

在我们企业里，行政主管还有另外一个称呼——服务小天使。如果说美容师、顾问是服务顾客的，那么行政主管就是服务会所每一位伙伴的。百丽雅的人文关怀之所以能够如此出色，离不开每位行政主管的传递和延续。

2.

行政主管的任务之一就是培养新员工，包括保洁、炊事员、配料师、前

台助理、泊车司机。行政主管在与他们的面谈中，要了解其工作经历、家庭背景等制作花名册，并制定新员工的培训计划表、标识阶段考核时间及进度。对上岗 1 个月的新员工进行抽检考核，上牌 2 个月需调研各部门员工，制作改进事项，并进行表扬或检查重考。

3.

行政主管的一天是如何度过的呢？上班的前 10 分钟时间，阅读“管理人员交接本”完成与协调需跟进的事项，立刻执行或回复。接下来用 20 分钟时间，查看企业 OA 查阅接收，并呈报给会所经理宣贯全员并签署。下班前抽查 5 人，看其对会议是否完全认知和明确。如果当日不在岗，需提前知会到位。

工作期间，抽 5 分钟时间，查阅维修事项并做好预防检测，遇到紧急事件要第一时间跟进、处理。接下来 15 分钟时间，查阅或口头问询前台助理 / 配料师 / 保洁的当天工作重点和需求点。复盘日计划是否对应到时间表的事项内，并进行有效辅导、批示。

4.

在督导环节，行政主管要阶段性安排 9 分钟时间，检验下属的工作流程、5 A 礼仪六心服务、各区域角落环境卫生情况。在例会上，执行—检验—签收—共识，并随机提问，确保传达的信息被正确理解。检查前台 Booking、收银本、工作单、收银单、可移动文件及前台电子报表与各表格、百丽雅 Beauty 系统的准确性，并审查各账目有无失误。把数据转给两位助理，让其进行指导与处罚，有效跟进各账目与财务对接的准确性。定时阅读档案中销售与消耗活动细则、公司通告规则，保障扣卡准确性和客户、公司的资金安全，确保员工的薪资计算公平、准确。

5.

在客人关怀方面，行政主管每两周安排 15 分钟时间，从养生知识、季节、色香味等角度出发，检验营养餐单及创新质量、数量、配备。比如，花时间分配顾客的常规用品，包括毛巾类、内衣类、梳妆类、洗浴用品类、夏冬鞋类、柜类、杯具类、餐具类，房间循环物资的使用要量化，保障环境卫生、安全。

6.

在团队建设方面，行政主管定期与会所经理和人力资源部门安排店内 / 户外员工文体、百家宴活动，组织三早三晚，宣传孝道文化。每月两次，每次用 1 个小时来检查员工宿舍水电暖的安全使用情况，以及生活设备、环境卫生、清洁维护、洗浴设备、床褥冷暖、门锁安全、厨房餐具、食物采买等，确保员工住得安心、舒适。

7.

行政主管要及时安排员工的节庆假期、特殊节日福利，并给予个别机会。每月一次用 30 分钟时间查看下属的档案，包括晋级、投诉、事件、合同、婚育、奖励、荣誉等，及时进行嘉许，耐心聆听的同时进行有效辅导，保障人力定编工作顺利开展。此外，行政主管还需要组织四大委员（学习委员、组织委员、生活委员、纪律委员）配合工作。

8.

在开源节流、环卫、设施管理方面，行政主管每周日进行检验，每次 7 分钟，抽查并记录配料房院装，客套装产品的有效使用期、有效成本量、安全卫生标准等。保障项目如期消耗、产品如期销售、成本合理控制，并做出书面总结或方案呈报经理，探讨保障管理工作有效运营的方案。此外，行政主管须有效控制水电气的运用，按标准开启、关闭，可对照每月的成本单完成此项工作。每天用 10 分钟时间检查会所所有物品的卫生清洁和消毒消杀细节；依据当月分配的及过往的投资安排，补充造册各类设施、设备，提交申报维护、维修、增加、停用、退仓、报废、更换、申购和建议的方案；每 15 天一次，盘点仓库的物资情况。

9.

行政主管需要定期对接负责人力、策划、工程和财务的员工以及司机，进行申购、维修、物资配置的跟进、微信和电话提醒等；针对即将举办的各类活动、沙龙、会议及时发布温馨提醒；培训日确认培训以及准备工作。

10.

在沟通方面，行政主管要有明确的承上启下的工作进度安排。就上司的月部署、日志计划、日执行轮等事宜，行政主管要定时向会所经理汇报或提交书面总结，了解门店经理每月、每周的工作安排，做好被授权的管理工作。另外，行政主管要熟悉下属的月部署、日培训、日执行轮等工作的安排，定时与属下告知、宣贯、分享、总结。

五、如何通过高效的早晚会，提高顾客满意度

1.

美容院早晚会的目的是更好地服务顾客，在时间限定的情况下，带着最高任务开启会议，31 分钟结束会议。

2.

早会的内容及流程如下。

主持人列队报数，行政主管检查参会人员的妆容并公布行政事项。接下来，由技术主管汇报当日的预约情况；总结前一日的客流及消耗，表扬优秀者，改进不足；宣布今日客流和消耗目标及计划安排，明确需要企业支持的部分。最后，由总经理汇报前一日的业绩及本月累计业绩数据，总结前一日的业绩，表扬优秀者并改进不足部分，并列出当前业绩与本月目标之间的差距；分析

接下来的计划与目标，在团队的配合指引下，组织并带动工作。

3.

早会还可以借助“是的，而且”接龙游戏增添其趣味性，而且这个游戏会让员工们的信息更加对称，从而达到工作协同。这个游戏的示例：第一个人说，“今天有个重要的顾客来访，10 点 31 分，张姐”；第二个人接龙，“是的，要服务好她，而且要弄清楚为什么她三个月没来了”；第三个人接龙，“是的，要弄清楚她为什么三个月没来，而且今天要给她准备她喜欢吃的水果”……

4.

对于当天关键客户服务体验的设计及模拟演练，早会一定要做预约报备。可以由前台人员在早会上把当天顾客预约的时间、指定的美容师、顾客量等信息同步给所有员工。

5.

早会还要做好顾客分析，由资深顾问带领大家，逐一分析当天到店顾客的个性及喜好。如顾客喜欢的称呼、房间、音乐、茶水及沟通方式、手法力度、特殊喜好或者个性需求等。提前让会所每一位员工都了解这些信息，做到环环相扣。对于到店的特殊顾客，早会上可以提前设计一些小细节，并在现场模拟。比如，模拟时顾问这样介绍美容师：“张姐，这是在我们百丽雅工作 5 年的美容师，中医药大学专科毕业，今天由她专门为您服务。她和您是老乡，都是四川人。”

6.

早操可以做，但不建议要求员工动作整齐划一。早操的一个重要好处是让员工恢复活力，运动对美容师的身体也有帮助。建议采用当下流行的舞蹈运动，员工熟练之后，每季度为他们举办舞蹈大赛等活动，以丰富其业余生活。

7.

在晚会上，让每位美容顾问都跟大家分享一下今天感动到顾客的三个服务细节，总结三个可以提升的服务瞬间，并分析为第二天的顾客所做的准备工作。在晚会上，要为当天表现优秀的人员给予及时的奖励，结合“夸夸卡的赠予”进行。夸夸卡建立的初衷是让更多的员工被看到、被关注到，是为了让赞扬不再只是一句“干得不错”，为了让个人鼓励成为团队激励，为了每天都在积极而认真的伙伴们。

8.

由管理者带领大家，设计好让顾客有良好体验的细节。每逢节日，可以送顾客一束玫瑰花；天气冷时，可以提供护手霜或者热毛巾；顾客离店时，送一个带着爱心字条的平安果。

第二章　安心服务

服务体验地图

一、在迎接顾客前，需要如何准备

1.

我们30年实践积累下的准备工作的经验，浓缩成一句话就是“三提前，三准备”。

2.

店里的员工需提前30分钟提醒顾客，告知其预约安排，让顾客省心。

3.

进入公司内部系统，提前查看客人档案里的详细内容，包括身体状况、个性喜好、喜欢的音乐、茶水、房间、沟通方式等。

4.

提前查看信息系统，了解上次的操作项目，做沟通服务的模拟演练，所有岗位的员工都要知道即将到来的顾客的具体称谓。比如，根据最近的耗卡情况，了解顾客需求方面的变化，从而及时为顾客调整变美、变健康的具体方案。

5.

先用紫外线对房间进行全面的消毒杀菌，再用臭氧将诸如“床下、柜子角落”等凡是有空气流动的地方彻底进行消毒、排查。

6.

在房间里为顾客准备好私人专用物品，比如专用衣物、水杯、拖鞋等。

7.

准备好顾客的《专业咨询表》，根据顾客喜好准备茶水和餐点，还需在特殊日子做好“感动服务”的准备，比如生日惊喜等。

8.

如果顾客是自驾车前来，要帮顾客提前占好车位，不论晴天雨天，都要带着伞到停车场迎接顾客；车辆到达后，要帮顾客开关车门，左手帮忙拎包，右手打伞走在顾客的左边；如果是第一次到店的顾客，还要为顾客提供会所清晰的定位，以及导航路线图和停车规范；等等。

9.

顾客到店时，全体人员都应以最快的速度迎接或者打招呼，引领、斟茶，这是能够让顾客感受到“被尊重”的最直观的方式。

二、如何给第一次到店的顾客留下好印象

1.

来美容院的顾客不仅仅是来获得美容效果的，更重要的是获得服务体验。所以，从进门那一刻，顾客的体验之旅就开启了。

2.

让顾客感知到干净和卫生，这是获得良好的第一印象的基础。仪容要整洁，制服要干净。需要格外注意的是，泡浴桶里、淋浴间的地上一根头发丝都不要有。在自己临时使用的空间里看到别人的头发，会让顾客的服务体验感大打折扣。

3.

顾客对店家的第一印象往往取决于员工怎么称呼自己。员工直接称顾客为姐容易引起顾客反感；称顾客为女士是安全的，但感觉疏远；称顾客为女神会令顾客感到油腻。我们的建议是：可以做一个称呼测试，如称呼王 × 姐姐、王 × 小姐姐、某某小姐姐或者小 × 姐姐等，一边称呼一边察看顾客的反应，找到顾客满意的称呼。确定好对顾客的称呼后，要在三分钟内叫出

两次，让顾客习惯自己的专属昵称的同时还不会感到刻意。

4.

和顾客交流时要微笑，最好是你见到好久不见的老朋友或者家人的那种微笑，也就是在第一时间把顾客想象成自己最好的朋友或家人。与顾客聊天时要适应顾客的语速，以倾听为主跟着顾客的节奏走。此处有个小技巧：你可以重复顾客说的最后一句话或一个词。这其实是一种表示认同的方法，可以拉近彼此的距离，越聊越想聊。

5.

在提供服务的过程中，不要让顾客做出抬头仰视的动作。站姿要依据顾客身高而定，要保持平视，不要站在顾客对面，要站在顾客的身边。顾客坐在沙发上时，服务人员与其聊天要半蹲在旁。

6.

根据顾客的身份，调整自己的服务风格。对职场精英类的顾客说话要简洁扼要，语气要柔和干练，要用标准端茶礼，动作干净利落。对全职主妇类的顾客说话要热情，聊天时可以笑声爽朗，引领时可以挽着她的胳膊，倒茶时甚至可以肢体碰触。对公职人员，尤其要注意，尽量减少打扰，顾客不提出话题不要主动切入话题，避免不必要的肢体接触。倒茶时，要把顾客的水杯拿起，背过身倒茶后再双手放回原处，如果顾客在看手机或聊天儿，此时不要刻意说“您好，请喝茶”。

7.

服务人员在与顾客聊天的过程中，要有建立顾客档案的意识：记录顾客的肤质、工作性质、生活方式、兴趣爱好等，以便了解顾客皮肤所处环境及身体劳损情况。如果公司有 CRM，就录入系统；如果没有请记录在顾客微信备忘录里。特别提醒一下：记录顾客的月经期，并在顾客下一次月经期间给予顾客关心。

8.

无论在做什么，美容师都要反复给顾客传递自家的核心优势。如果你家美容院的特点是性价比高，无论做什么都要归因到这里；如果你家美容院的特点是服务更快、更新，那就一切从标新立异出发；依此类推。我们公司的所有介绍都归于“安心”。我们是美业唯一一家获得 ISO 三证认证的公司，“在百丽雅，美得安心”。

9.

此外，还需注意：不要说“这个项目如果不做会有什么坏处”，要说“如果长期做会有什么好处”。比如：可以跟顾客说“这个项目三天做一次，每天的精力至少多工作两小时”；但是不能说“不做这个项目，头痛就会加重”之类的话。我们有个规定：顾客第一次到店时，如果她没有主动表达对项目的满意，我们坚决不能推销。

三、在环境布置上，还可以做哪些准备

1.

顾客踏入美容院的那一瞬间非常重要。对于新顾客而言，能不能愿意留下来，取决于其对美容院的第一印象。

2.

而第一印象就是顾客进入店内所看到和感受到的一切，包括室内环境、气氛、物品摆放、卫生状况、美容师的形象及素质等。我们规定在会所的任意角落里都不允许出现行政物品，以避免顾客代入工作时的紧绷感。

3.

灯光柔和，光源统一。光线对顾客的视觉刺激也非常重要，光线要柔和，不要太刺眼。但前台或咨询厅的光线则宜充足，色调明快。

4.

在一个安静的环境里，顾客才能放松身心接受美容服务。所以，美容院内要做好隔音措施，音乐不能嘈杂，要选用舒缓的乐曲。

5.

美容师在说话时，除了使用文明礼貌的语言外，还要注意自己的音量，尽量做到柔声细语，让顾客听起来感到亲切。

6.

在顾客目光视线范围内的右侧，需要重点进行布置。因为大部分人都是右手边为顺手位，所以右侧的陈列会印象更深刻。

7.

每个房间都可以自动调节温度、声音、灯光，确保顾客在最适宜的温度下享受服务。

四、如何通过奉茶让顾客享受更好的服务体验

1.

顾客一落座，服务人员就应该奉上茶水。奉茶之前一定要主动询问顾客：“我们公司有养生茶、柠檬水和温水，请问您喝哪种？”

2.

如果是老顾客到店，要在顾客到店前就准备好顾客喜好的茶水，并从CRM 系统中核对资料。

3.

如果当天顾客的专属顾问不在，需要在早会时做好有关顾客的喜好内容的工作交接。

4.

给顾客上茶时，需要注意几个细节：倒茶、倒水的量不超过杯子的七分量；端茶杯的手，拇指不要碰杯口（那是顾客嘴巴接触的地方）；两杯以上的饮品，最好用托盘端出；建议把茶水放在顾客的右手边；如果杯子有握柄，将握柄的方向放在顾客的右手方。

5.

最基本的端茶礼是：左手手指尖托杯底，右手握杯子上方，面带微笑鞠躬，同时说“请喝茶”。但是，光是做到这样还是不够的，还要能够针对不同顾客群体提供个性化的端茶服务。

6.

顾客的茶水不可低于水杯一半处，要主动加水。加茶水前不要刻意说“××，我为您加茶”。加完茶水后可以说：“您好，请喝茶。”如果顾客在看手机或者在跟其他同事或好友聊天，切记此时不要刻意刷存在感。

五、接待顾客时，该如何与顾客沟通

1.

美容院的专业度是通过顾客接触到的每一位员工传递的，员工的每一次表达都是企业形象最直观的体现。

2.

专业体现为每句话的精准度，以及给顾客推荐服务项目的客观性。比如，当介绍某个项目的时候，要客观阐述这个项目针对的是什么样的皮肤状况，与其他项目的区别在哪里，为什么这个项目更能针对性地解决顾客的问题。回答顾客所提问题的时候，要给出一个利索的答案。如果服务人员一直处于含含糊糊的状态，不但会让顾客觉得不放心，甚至可能引发客人投诉。

3.

要注意：不是说你想说的话，而是说跟顾客相关的话。比如，当推荐我们的美肌博士项目的时候，不要只说“姐，您就做我们的 ×× 项目吧，效果可好了”，而是详细介绍这是一个相对功能性的项目，针对现有的皮肤状况，结合成因，通过专有的成分和技术，能够达到怎样的深层次效果。

4.

要及时回应给顾客。服务人员与顾客之间的一问一答就好比两个人在玩接传球游戏一样。当顾客把球扔过来的时候，我们一定不能无动于衷。无论顾客投来怎样的球，我们都要接住。这种接传球式的一来一往，是服务人员与顾客建立信任关系的基础。

5.

当面对新客时，“专业咨询表”是服务人员展示专业性的重要工具。顾客在表达诉求的时候，服务人员要用笔记录下来才能够体现重视。当面对临时到店会员或者已预约会员时，服务人员根据顾客现有的卡项组合与需求变化进行整理，给顾客做好“规划安排表”。让顾客知道，她们每一步在做什么，能有什么样的呈现效果，给予她们足够的确定性。

6.

当将顾客交接给美容师时，要记得为顾客介绍一下，让她们感知到，这个人是可信任的。可信度的展现方式包括以下几个维度：一是有什么专业背书或头衔，比如“这是我们的年度三养专家”；二是经验资历，比如“服务过 143245 位顾客，有 15 年的美容师经验”；三是好评以及推荐理由，比如“有多少位顾客都特地来找她，她非常细心，按摩力度到位”。

7.

要表达对顾客的“关照”。在与顾客交流的时候，要留心顾客的痛点或者困扰点，然后通过实际行动去表达对这些细节的重视。比如，在送顾客进房间时，可以跟美容师多交代一句，“这是今天第一次来我们会所的王姐，她肩膀特别累，一会儿麻烦您加强一下”。

六、在进房更衣环节，如何让顾客有更好的体验感

1.

员工除了按照标准流程去执行以外，还要注意在每一个环节都要告知顾客：为了让您美得安心，我们都做了哪些努力。

2.

提前为顾客的房间做好紫外线和臭氧消毒。提前准备好沐浴用品，按顺序递给顾客的同时，要让顾客了解到我们的毛巾都是一客一消毒的，方便顾客安心使用。

3.

在为顾客拿出拖鞋、换鞋、放鞋时，要保持标准蹲姿。此外，还要注意顾客的鞋子是否需要维护。比如，顾客的鞋子因为下雨被打湿，可以为顾客把鞋子吹干。

4.

顾客更衣时难免会害羞，所以在经得顾客同意后，可以提前拿出浴巾为顾客遮挡身体。

5.

为确保顾客衣物的整洁，店员需提前准备好内衣袋，并提醒顾客把衣物放进袋子。

6.

如果顾客佩戴着首饰，店员要提醒顾客妥善保管。比如，店员可以对顾客说“您可以把首饰存放在首饰盒或包里，这样护理会更舒适”。

7.

为了保证顾客的财物安全，店员要把顾客的包放入储物柜，并在将钥匙交给顾客时，明确告知顾客以免丢失。

8.

店员要提前询问顾客是否洗头发，如顾客没打算洗头发，要为顾客戴上浴帽。

七、在沐浴环节，如何让顾客有更好的体验感

1.

引领顾客到沐浴间的时候，美容师要保持比顾客快半步的距离，面带微笑，将大毛巾、小毛巾分别挂在衣钩上。

2.

美容师为顾客调试水温，把顾客的衣物挂好，关注顾客的需求。告诉顾客小浴巾、浴袍放在了哪里。如果顾客觉得水温不合适，美容师也要及时为其调温。

3.

如果顾客需要蒸桑拿，美容师要准备水和冰毛巾；告诉顾客蒸桑拿的最佳时间是 3 ~ 5 分钟，蒸桑拿超过 5 分钟会使皮肤脱水。美容师要注意提醒顾客时间的方式，敲门时，用食指敲门 3 下得到顾客示意后，方可打开门。

4.

如果顾客需要泡浴，美容师在顾客泡浴前要用温度计测水温。夏天水温一般保持在 38℃ ~ 40℃，冬天水温则是 40℃ ~ 42℃，也要视顾客的情况而定，美容师要给顾客准备水、冰毛巾。

准备泡浴时，美容师请顾客到桶旁试水温，扶着顾客的臂肘助其进浴桶，

同时告诉顾客："泡浴水温已调好，请您用手背试试水温。请小心进浴，慢慢坐下，水位以不压住胸口为宜，请多喝水帮助身体排毒，用冰毛巾擦汗，泡浴时间是 20 分钟左右为最佳。"

泡浴期间，美容师可以为顾客浇水，捏肩或手；随时询问顾客状况，是否要加水和冰毛巾，有没有头晕、心慌等。美容师可以这样询问顾客：请问是否需要把房间门打开一点，加强透气？这样呼吸会更舒服些呢。

出浴桶的时候，美容师要拿浴巾给顾客，让顾客慢慢站起停 15 秒后扶住其手臂出来，再请顾客坐下休息片刻。

5.

如果顾客有吹头发的需要，美容师可以递上干净的浴巾、一次性内衣，将顾客引领到座椅前帮助顾客吹干头发。吹头发的时候要注意，距离 31cm，以吹干头皮为宜，吹风机忌朝向顾客脸颊、耳朵。同时，美容师要主动询问顾客帮其吹头发有什么特别需要注意的地方，并征询顾客说"头发不宜吹得太干，容易损伤发质，这样可以了吗"？

6.

引领顾客至美容床之后，美容师要对顾客说："房间的温度、灯光和音乐我已经按照护理标准调试好了，您感觉可以吗？如果有不合适的，我随时为您调整。接下来我为您进行护理。"

八、项目操作中，如何为顾客进行解答

1.

顾客体验过程中最重要的事就是"提前告知"。每一步都提前告知，才能够让顾客更加放松舒适地享受当下。

2.

当面对新客时，美容师要先确认顾客的需求信息。比如：为这位顾客操

作时有什么注意事项，有什么地方需要着重护理，有哪些禁忌，等等。

3.

正式护理前，美容师要对顾客的面部和身体有基本的了解。比如，美容师在给顾客护理胸部时，要知道哪个地方有囊肿需要绕开，等等。

4.

美容师要与顾客确认好其接受的按摩力度、仪器的热度、吸力等。确保在舒适的前提下，为顾客带来面部的改善和身体的舒缓调理。

5.

部分项目开始前和过程中需要拍照，以便确认效果。美容师拍照前要与顾客沟通，在顾客同意的情况下才能拍照，照片只用于顾客确认效果，决不能向外公开。

6.

美容师在护理前要告知顾客，这部分的护理从几点开始到几点结束，让顾客有一个明确的心理预期。

九、项目操作后，该如何接待顾客

1.

顾客体验完项目之后，基本都是很放松，处于睡眼惺忪的状态。此时，美容师要额外替顾客照看好个人物品，并关注顾客的冷暖感受。

2.

在顾客起身后，美容师帮顾客打开储物柜，拿出顾客的随身衣物以及干爽的鞋子。在顾客换衣服时，美容师轻声致电前台通知顾问准备迎接。

3.

美容师与顾客确认好贵重物品，帮助顾客佩戴首饰之后，请顾客在“顾客物品确认表”上核对签名。美容师可以跟顾客这样说“我帮您戴上首饰，请您在这表格上签名确认，您的物品已带齐。顾问已在等候着您”。

4.

美容师引领顾客至咨询室之后，顾问要对顾客当次操作、服务、效果及满意度进行调查。比如：服务的具体环节满不满意，对效果的确认，等等。

5.

在顾客到咨询室前，顾问要提前为顾客准备好茶歇。如果是新客就按照时令气候，配合操作的项目提供水果和茶点；如果是老客，就按照顾客的喜好习惯，为其准备喜欢的营养餐等。

十、顾客离开的时候，应该如何去欢送

1.

在顾客离店前，顾问要与顾客再确认一下今日体验的项目以及项目体验后的感受和意见反馈，以帮助我们根据顾客的个人偏好及时调整服务细节；为顾客提供专业的售后遵嘱，包括注意事项、禁忌以及好转反应；提醒顾客需要配合的事项，比如饮食、作息、运动方面的要求等。

2.

顾客离店时，除了送别的话，顾问还要对顾客展示工牌并对其说：“姐，这是我的工牌号和姓名，如果您对我的服务有任何不满意的地方，您都可以通过前台的总经理直通车，提出宝贵意见。”注意：顾问说话时语速要慢，眼神要坚定地看着顾客的鼻梁中间，目光不要闪躲。这么做的好处是，让顾客体会到足够的掌控感。

3.

关于返预约，需要注意的是：不要说“下次记得找我”，而要说“下次

我为您服务时要额外注意些什么”。可以这样说：“下次为您服务时我会提前 15 分钟把房间温度调整到 26℃。”

4.

顾问要提醒顾客带好随身物品。如果顾客失落了物品，要及时归还并表示对顾客情绪的理解与安抚。

5.

送顾客出门时要注意，无论晴天雨天都要为顾客打伞。顾客刚体验完项目，皮肤处于裸露的状态，要尽量避免阳光直晒和室外车辆排气排放物等的污染。

6.

如果顾客没有开车来，要提前帮其叫车，送顾客上车后立即拍下车牌号发给顾客；如果顾客是自驾前来的，在离店前要为顾客录好车牌，以免耽误顾客的宝贵时间。

7.

送顾客离店时，顾问要目送顾客三秒钟。虽然顾客走出店门后并不会回头看，却能感觉到店员热情而真挚地目送自己离店。

十一、如何进行客服回访

1.

客服回访主要分为客诉回访和服务满意度回访两类。好的客服回访不但能够体现店家对自身的高追求，也是向顾客表达爱与温暖的媒介。

2.

服务满意度回访可采用月度常规回访和季度抽查回访的形式。客服人员应该懂得，构建与顾客的友情不是自己的需求而是企业的需要。通过投诉处理建立起来的情谊远比顾客购买企业产品或接受服务扎实得多，所以要珍惜这难得的机会。

3.

客服人员在客诉回访过程中，要牢牢记得感谢顾客的四个时刻：第一，接收到顾客的不满时，首先要感谢顾客对公司的信任，感谢顾客不辞辛苦地致电或到来；第二，顾客陈述问题时，感谢顾客给公司带来了宝贵的意见，感谢顾客向公司反映问题；第三，达成和解时，感谢顾客对公司的支持与理解；第四，投诉处理后回访顾客时，再次感谢顾客。这里我们强调的是最后一步，基本投诉处理后的回访与感谢。回访与感谢要注意时间，一般会在落实处理措施后的 3~5 天，时间间隔太长或过短都会影响回访效果，影响回访目标的实现。

4.

需要特别注意的是，投诉回访不是走形式。很多企业的回访都采用电话的方式，这时候要特别注意以免让顾客产生走形式的感觉。我们不提倡用呼叫或客服中心的客服人员进行投诉回访。我们曾经就此进行过调查，80% 接受客服人员（非投诉处理人员）回访的顾客，不会被企业的这一行为感动；93% 接受投诉处理人员或负责人专访的顾客会被企业的回访行为所感动。所以，企业除非万不得已，否则都应该用顾客感觉有“分量”的人进行回访。

5.

投诉回访应做到童叟无欺。有的企业对大问题的投诉重视回访，但对小投诉并不重视，这是极其错误的。处理投诉的目的是让不满意变成满意，是让敌意化成情谊，这里面可没有大小投诉之分。实践证明，重视对小投诉的回访更能赢得人心，更能感动顾客。

6.

回访是对投诉处理的再补充。即使是再熟练的客服人员，对投诉的处理也不可能达到完美。进行回访，特别是投诉处理人员的亲身回访，能弥补不完美的地方，从而消除顾客心中还存在的不满。

7.

回访不应是一次性的，要进行多次回访。多次回访的目的一是感谢，二是解决好遗留的问题，三是建立起联系。基于此目的，我们应该通过回访搭建起企业与顾客的沟通通道，通过这一通道了解顾客对企业、产品、服务的建议。

8.

回访能让顾客产生对企业的信任感，感受到企业的诚意，增进顾客对企业的忠诚度。同时，通过回访还可以推介公司的新产品、新服务，向顾客汇报公司的新变化、新举措。总之，回访与感谢是企业赢得顾客的有利时机，要好好把握。

十二、如何让顾客愿意再来

1.

想要让顾客愿意再来，下次继续找你，一定要做好服务的细节。

2.

工作人员把与顾客相关的细节都记下来，并告知顾客下次用同样的方式为其提供服务。

3.

工作人员一定要注意卫生。为顾客提供服务前，先检查自己的工作服是否整洁。卫生是美容院的基本盘。

4.

见到顾客，工作人员一定要报以有亲和力的微笑。在了解到如何称呼顾客后，一定要在三分钟以内，至少打两遍招呼。例如：李姐，您尝尝我们的养生茶……李姐，我现在带您进房间。无须每次讲话前都要叫李姐，不能让顾客感觉太刻意。

5.

提供服务前和服务中，工作人员要询问顾客的喜好，比如力度、速度、灯光、音乐、温度等，要了解清楚。并确认你做的调整是否符合顾客的喜好。

6.

做面部护理时，可以附加帮顾客修眉形等服务，并询问顾客对眉形的要求。比如："姐，您喜欢细的还是宽的眉形，要平直些还是高挑些？"

7.

做身体护理类的项目时，要重视顾客对力度的接受程度。比如："姐，您现在感受下力度，能接受吗？如果需要调整，您及时跟我说。"

8.

工作人员在服务过程中发现顾客操作部位有亚健康问题时，要告知顾客。给予顾客调理的建议，并且要针对性地为顾客进行操作。要做操作前后的效果对比，让顾客感受到效果和美容师的技术。同时，这也能增加顾客对工作人员技术和服务的认可。

9.

工作人员在服务过程中发现顾客的身体有需要就医的状况，要真诚地告诉顾客。这样，顾客就能在感受到我们职业素养的同时增加对我们的信赖度。

10.

服务中的体感细节非常重要。顾客怕冷怕受风的话，操作中应及时用毛巾盖好其他部位。顾客腰痛时为其垫腰，腿痛时为其垫腿，脖子痛时为其垫脖子，使顾客在做项目时，身体尽可能地躺得更舒适。

11.

如果果盘中某种水果顾客吃得比较多，工作人员可以询问顾客是否需要添加，并对其说"× 姐，下次您到店我会给您多备些这类水果"。

12.

服务结束后，顾问应该主动添加顾客的微信或电话。切记：不要说“下次记得找我”，而要说“下次我为您服务时应该再注意些什么”。询问顾客的联系方式时，可以参考下面的话：“李姐，为方便今后更好地为您做售后跟进以保证项目效果，我添加您的微信和电话吧，平时我不会打扰您的，请放心。做完项目回去有任何疑问您都可以问我。下次的护理时间是下周一，为了能更周到地为您提供服务，今天就给您订好位吧。请问下周您还是这个时间点过来吗？请放心，我会提前一天提醒您的。”

13.

如果顾客是打车离开，顾问要给她发一条信息，内容包括这辆车的车牌号并提醒顾客保管好随身物品。在售后线上交流中顾问要提醒顾客，做完项目回家的注意事项。

十三、如何让“不满意的顾客”成为企业价值的发动机

1.

从女性消费心理分析来看，喜欢投诉的人说明她对你的美容院和服务很在乎，并想通过投诉让你的技术服务得到全面的提高和完善，达到其心理预期，从而成为美容院的忠实顾客；不投诉的顾客说明她对你的美容院并没有太大的兴趣，一旦技术服务不到家，她就会重新选择。所以，面对投诉，我们需要知道顾客投诉并不只是在表达不满，更是在向我们“求助”。员工应意识到，投诉的顾客本身就是企业的财富资源，也是企业快速提高自身服务能力的支持者。投诉处理的目的不仅仅是解决现在的麻烦，更是希望通过有效的投诉处理，挽回顾客对企业的信任，使企业的口碑得到良好的维护，将“投诉客”转变为“回头客”，化危机为契机。

2.

在受理投诉环节，工作人员给投诉者留下良好的第一印象会对后续的投诉处理打下良好的心理基础。美国心理学家洛钦斯提出的“首因效应”表明，第一印象形成的心理定式，会使人在后续认知中倾向于发掘对方第一印象具有的相关特征。

为了给前来投诉的顾客留下良好的第一印象，受理人员应时刻牢记自己代表的是公司，是公司的窗口，一言一行都彰显着公司的形象、声誉。受理人员的行为不可轻浮，语言不可无矩，所说的每个词语、做出的每个动作都会影响投诉的处理。

在礼仪方面，客诉人员应施以微笑，说出迎候语，鞠躬 45° 并伸手请投诉者入座，倒水并双手呈上，而后询问其来意，进入后续处理阶段。但需要注意的是，虽然所有的投诉者都不会敌视微笑，但也不是所有的投诉者都喜欢微笑。客诉人员应根据投诉者的情绪表现实施礼仪；应根据投诉者的年龄、性格、性别等特征采用相应的礼仪。比如根据年龄，岁数越大的人对礼仪的要求越高，实施高规格、多种类的礼仪效果较好；年轻人则重视实用性礼仪，如在其口渴时递上一杯水效果更好。

3.

先缓和心情，再解决问题。调理情绪是处理投诉的重要环节，情绪调理得好能促使问题顺利解决，且会让投诉者对企业留下良好的印象，为投诉者转化为忠诚客户打下心理基础。否则，会大幅度增加处理难度，甚至使投诉升级。我们对升级的多起投诉进行了调查分析，结果发现因情绪调理问题造成的直接和间接原因占 80% 以上。

这里有一个快速调节自己和对方情绪的好办法，那就是：找到与朋友聊天的状态。当你与朋友聊天时，会自动把自己和她划在一个阵营里，不管事情对错，首先是“我相信并支持你”。如果客诉人员让顾客能感觉到“其实我们是一伙的，我们都不希望这种事情发生，但既然出现了就让我们一起解决它”，那这就已经成功一大半了。

4.

了解顾客的不满其实就是理解顾客的感受。客诉人员需要让顾客感受到以下信息：问题是能够很好地解决的；我们所有人都会认真地对待；公司视这份投诉为珍宝；公司重视顾客提出的任何意见。

5.

顾客反馈信息登记是企业进行数据分析的基础。我们存在的问题是什么？顾客的期待是什么？哪些问题应首先解决？哪些问题会成为企业发展的新商机？企业运营的薄弱环节在哪里？这些问题都可以通过投诉数据分析得到答案。

6.

在接待投诉者阶段，走一些应有的程序是必要的，大多数人也能理解，如对顾客的基本情况、诉求等进行登记。但有时也要打破常规，因事而异。程序是死的，事情是活的，情况是变化的，客诉人员应对情况做出准确的判断，以情势决定处置的先后顺序。对正在进行的问题可以打破常规、跨越权限，以效率为准绳，实施快速处置；对过去的问题应尽量遵循流程，发挥各种力量的作用，讲究处理效能，而不是追求速度留下隐患。

7.

处理投诉时还要注意场域的重要性，最好是选择避人处安静地解决问题。找一个舒适的环境，光线、温度、气味这些小细节所形成的令人平静的场域都有助于安抚顾客的情绪。客诉人员忌讳当场问顾客“为什么”，否则一定会引发顾客愤怒的理由。

8.

在顾客提出投诉表达不满时，我们第一时间应该做倾听者。倾听不只是为了让顾客发泄怨气，更是在帮助其解决棘手问题的同时，防止类似事件的发生。客诉人员一定要让顾客充分表达，耐心听完顾客的话，尽量不要打断，中途不要辩解。客诉人员需要特别注意的是，在处理投诉的过程中，一定要用笔和记事本进行记录。这样做的目的一是方便更深入了解顾客的想法和诉求，二是让顾客直观感受到对她的重视以及我们对这件事的认真态度。

9.

客诉人员处理问题时本着企业吃点亏也不得罪顾客的态度，用最快的速度、最小的成本、最低的声调解决问题。遇到困难时，客诉人员可以使用补偿关照法，用更多实惠打动顾客，展现公司解决问题的诚意。不到万不得已时，绝对不要对簿公堂。

有一个处理投诉的定律值得参考："第一条，顾客永远都是对的；第二条，如果你认为顾客有问题，请参考第一条。"

10.

客诉人员与顾客达成和解协议后，要快速协调相关部门，用最短的时间落实。如此就可以向顾客展示公司的办事效率，赢得客户赞誉。

十四、怎样做才能保护好顾客的隐私

1.

百丽雅作为深圳高端品牌，从建立之初就考虑到了顾客的隐私安全和私有保障，我们开创了各种美业先河。比如，把大通铺改成独立客房、设立独立洗手间和独立洗浴房等。

2.

我们为有需要的顾客安排独立房间，冲凉、泡浴、桑拿一体化空间，保护每一位顾客的隐私。

3.

所有顾客（除非本人主动要求分享）我们都会默认其处于隐私保护状态。

我们的顾客 CRM 系统是多重安全管控的，管理层以上才有进入及输出的权限，并且需要多位高管同意才能够进入系统。

4.

我们规定，在服务顾客的时候不允许私自拍照，除非顾客自己允许。

5.

如果贵宾有需要的话，贵宾的名字录入系统时，可以不记录真实姓名。

6.

针对特殊顾客，我们企业设有特殊通道以及专属电梯，等等。

7.

如果需要的话，我们会为贵宾提供清场专属服务；如果无须清场，我们也会直接将顾客引领至专属咨询室以及 VIP 房间。

十五、如何通过仪态形象，展现高品质

就我们的经验来讲，只要全体员工在工作时把腰板挺直，整体印象就能提升 31%。端正的身姿会给人一种非常专业的印象，而这本身就是我们提供的服务之一。

1. 百丽雅职业形象标准如下

（1）职业制服标准

工作服：保持干净整洁、熨烫挺括；不得佩戴过分装饰性物件；穿着时必须系好纽扣；长袖衬衣领口、袖口扣子必须扣好，不得挽起袖子。

丝巾：时刻保持丝巾颜色鲜艳，干净整洁，熨烫平整。

工牌：字迹清楚、无破损，统一佩戴在工服左边，以不遮挡 LOGO 为标准；顾问工牌佩戴位置与白衬衣第二个扣子平行。

袜子：总经理着灰色丝袜，顾问着肉色丝袜，美容师着白色棉袜。

工鞋：顾问着黑色无装饰尖头高跟鞋，皮鞋应保持干净光亮、无破损；配料师、美容师及保洁员着白色护士鞋。

（2）发型标准

用发胶整理固定，做到不掉落，不松散，前发需梳起蓬蓬形，太阳穴两旁及后面头发需服帖光滑平整，成丸形；不可留齐刘海或偏刘海，均须往上梳理，不能遮挡眉毛；发丝整齐不凌乱；头发上不能有黑色以外的发夹。

（3）妆容标准

化妆的基本步骤是：粉底—眉毛—眼影—眼线—腮红—口红—睫毛膏。

粉底：选择有保湿效果的粉底，粉底色上妆后与肤色接近，质地柔和。

眉毛：眉色应略浅于发色和睫毛色，禁止使用发红的棕色；三点之间的连线线条应柔和，不应有强硬的线条感。

眼影：大地色。

眼线：流畅的眼线能让你的明眸增添神采。可用眼线液或眼线笔，只能用黑色、深棕色、深蓝色；不允许画眼尾上挑的眼线。

腮红：职业装的腮红不可强于口红，重点在于利用柔和的色彩使得整个妆容更加亮丽。

口红：禁止使用油腻及珠光的口红或唇彩，可使用唇线笔勾勒唇线改善唇形，但禁止将口红或唇彩涂抹在唇线外。

睫毛膏：睫毛膏应选用黑色或深棕色（近似于黑色）；如果粘贴或种假睫毛，所选睫毛长度不超过一厘米。

（4）配饰标准

戒指：只可戴一枚，设计要简单、大方、镶嵌物直径不超过5毫米。

手表：款式应简洁，表带以金属和皮质为宜，宽度不得超过2厘米，且皮质表带的颜色限制在黑色、棕褐、深蓝、深灰色、咖啡色；不允许佩戴休闲、卡通及带有装饰物的手表。

项链：项链可戴一条，不应外露；不允许佩戴手链、手镯、脚链等装饰物。

耳饰：只佩戴一副，以耳钉为宜，戴在耳垂中部；镶嵌物直径不超过5毫米。

2. 百丽雅的形体气质、服务礼仪要求如下

礼仪一直是我们长期注重并持续培训的内容。微笑时，不要故意掩盖笑意、压抑喜悦影响美感。见到所有人的时候都可以微笑，嘴角上翘；与顾客在专业上聊得开心时，可以愉快大笑，露出牙齿；聊家常聊得开心时，可以敞开心怀爽朗大笑。

站姿：抬头、挺胸、收腹、提臀；头正，颈直；目视前方，面带微笑；双手交叉，右手在上，左手在下，拇指里扣，放于肚脐处，手臂张开；双脚呈“丁”字步，角度为钟表的14:00处，即60°。

坐姿：标准站姿坐下，用双手捋裙摆，双脚平行，双手放两腿之间位置，起立时捋裙子，恢复标准站姿。

蹲姿：标准站姿蹲下，左腿弯曲，右膝盖跪地，双手放在左腿膝盖后上方。

走姿：双手自然摆动，两腿迈开间距为半只脚的距离。

迎宾礼：标准站姿面带微笑，鞠躬45°，目光随顾客移动，同时送上欢迎语。

让座礼：标准站姿面带微笑，鞠躬31°，送上让座语，右手做出请坐的姿势。

端茶礼：左手托杯底，右手握杯子上方，面带微笑，鞠躬31°，同时说：“请喝茶。”

手和指甲：常保持干净，修剪整洁，不戴夸张首饰，（顾问指甲彩绘以素雅颜色为主，美容师指甲不能长出1mm）。

3.

我们将礼仪规范的培训与实际情况相结合，进行阶段性的模拟演习。比如，员工进他人房间时一定要先敲门，用食指和中指有节奏地敲两三下即可。

听到“请进”方可推门进入。进门先问好，若对方只有一人，可以直接讲话，若对方在和朋友沟通，需贴近对方耳朵小声讲话。离开他人房间时要有礼貌，跟对方说，“不好意思，打扰了，你们聊”。进出房间时，开关门的声音一定要轻。

4.

工作人员与顾客交流的时候，眼睛不要一动不动地盯着顾客看，应该 180° 眺望过去。这样会显得人更和气，让交流双方更舒适。

5.

让顾客感受到专业品质的最有效的办法就是将看似杂乱的流程标准化。顾客在每一处细节感受到温暖的同时，能够通过员工表现领会到企业对自身的高品质要求。

会员的附加值体验

一、如何为顾客带来五感六觉的享受

我们一直追求在视觉、听觉、触觉、嗅觉、味觉、知觉等方面为顾客带来享受。我们一丝不苟地对待每一位顾客的需求，并及时解决顾客提供的问题。我们的会所装修风格高端大气，员工穿着淡雅简约，顾客目之所及皆彰显高贵的气质。我们所有项目的产品和设备均是高品质的国际一线品牌，美容师的手法专业精湛，会所的安保定期检查，这些让顾客产生足够的安全感。我们会所内的设施配置规格均是采用人性化设计，顾客无论坐着还是躺着都能全然放松获得舒适享受；我们的员工善于与顾客同频对话，用专业、真诚的话语让顾客如沐春风，获得充分的愉悦感。

1.

在视觉方面，我们会所的装修风格是经过专业设计、调研、测试等最终决定的。

比如，禧悦医疗的整体设计风格就曾经获得中国国际建筑装饰设计最高荣誉——华鼎奖。走进禧悦，扑面而来的视觉享受会让人变得愉悦惬意。员工的仪容仪表均经过专业的指导和培训，呈现出与高贵、舒适的环境相匹配的精神面貌。

2.

在听觉方面，我们会所的装修做隔音效果处理。我们精心挑选了舒缓的灵性音乐，让顾客享受服务的同时，借助音乐疗愈放松身心。

3.

在触觉方面，顾客在会所触碰到的一切物品，我们都挑选高质量的专业产品，并定期消毒清洁，保持干净。我们的美容师通过娴熟的技术手法，让顾客感到舒适、放松，疗效显著。

4.

在嗅觉方面，我们的会所常备鲜花和香薰，让顾客整个身心放松下来。我们会定期清洁所有床上用品，定期杀虫，保持空气清新；工作人员口腔卫生及个人衣物卫生等都严格按制度执行，避免异味干扰顾客。

5.

在味觉方面，我们的会所里备有新鲜的水果、营养餐、养生茶、暖心糖水等养心下午茶。所有食材、原料和配料，我们都精心挑选并制作，良好的口感及芳香的气味均赢得顾客喜爱。

6.

在知觉方面，配合养心语言和呼吸养心法，工作人员带着顾客从外在的喧闹中暂时抽身出来，转向对内在的察觉，引发顾客自我欣赏、自我疼惜与犒赏。

二、如何帮助会员成为其心中的女神

1.

我们一直遵循着“养颜、养身、养心”的三养文化服务于每一位顾客。在“养颜、养身”这个领域，我们不断探索并引进国际前沿的技术、最高品质的产品和最尖端的设备，从容颜焕颜、身材打造到大健康管理等全方面给会员最佳的私人定制方案，让会员更美丽、更健康、更自信。

2.

在“养心”文化上，董事长开设了“唤醒你心中的女神”“舞动新生命”等养心课程。我们还设有各种自然感知的工作坊，例如喝茶、品香、插花、三养女神形体训练、正念冥想等。工作人员带领女性会员体验身心灵的神圣之旅，聆听内心，感悟灵性，在爱里觉醒，活出最精彩的女性之美。

3.

我们还开设了“三养领袖夏令营”和亲子课程，孩子是家庭的延续和未来，能促进家庭关系的和谐幸福。疫情期间，我们还在线上开设了“养心智慧专栏”，让会员足不出户也能够享受到我们的养心服务，努力为会员带来关于亲子、家庭、两性等方面的启迪与温暖。

4.

我们关注每位员工的身心成长，相互帮助和滋养，让员工将关爱传递给每位会员，让会员在这里放松心情，享受愉悦的护理时光。

三、如何让顾客在生日及节日时，感受到惊喜与感动

1.

我们有一套会员生日流程，给顾客满满的仪式感。

2.

我们的信息系统里有生日提醒板块，具体内容包括在顾客生日当天提醒、生日前三天提醒以及生日前一周提醒。专属顾问会在每个月月末列出下个月的“生日名单”，并根据平时与顾客的交流情况了解顾客的喜好，准备其专属的个人礼物。

3.

为确保有足够的时间为会员准备生日派对，顾问在每月月末列出下一个月生日会员的服务名单。

4.

若顾客有事不能到店，我们会以寄送的方式将专属礼物送到顾客家里或单位或顾客方便接收的地方。有一些顾客反馈说我们给予了她们“恋人般的呵护”。无论顾客在哪里，百丽雅都会竭尽全力让她感受到爱与惊喜。

5.

在传统节日里，我们从全国各地挑选时令的新鲜果蔬及特产送给顾客，比如烟台苹果、蒙阴黄桃、云南褚橙、特色月饼、客家黄酒等。从原料的挑选到包装设计，我们的高管团队都亲自把关，不放过任何一个传递诚意的机会。我们就是这样通过一点一滴的细节去打动顾客。

年度大庆活动

一、美容文化节：一次性体验数百个价值上万的项目

1.

美容文化节是我们为顾客提供一站式美业解决方案的年度活动。这是会员们最爱的日子，她们不但能够一次性就把皇牌项目体验遍，还能享受到目前市场顶级的黑科技仪器。

2.

这个活动的初衷就是让顾客以最短时间触达到自己最适合、体感最佳的项目的同时，为其带来个性化定制的综合搭配。

3.

这是我们为顾客精心准备的一场“美容超市”活动，一站式体验关于变美的全部服务。从进门时工作人员热情的问候、周到的签到、井然有序的更衣，到体验、恭送赠礼，每一个环节都展示着百丽雅的真诚、严谨和节日气氛。

4.

专家一对一高端定制，放大个性美。美容文化节为大家准备了全方位综合项目体验，我们还聘请了多位专家，将前沿科技与最新护肤项目带到活动现场供会员们直接体验，有来自国内外专业研发专家、问题性肌肤诊疗专家、高端文绣团队、悦医疗微整及皮肤科医师团队等。

5.

匠心以待，用专业和品质守护会员。为了让会员更有交互感，我们在现场设置了很多互动游戏，比如抽奖墙、盲盒、直播连线互动等。

6.

百丽雅始终严选产品与项目，注重每位会员的反馈与口碑。一年一度的

美容文化节就是得到顾客真实反馈的最好时机，在顾客具体的建议中不断优化是我们为顾客提供长期高质量服务的“秘密武器”。

二、技能考核：深入了解百丽雅的“美业机密”

1.

如果说百丽雅有什么“美业机密”的话，顾客只需要在“百丽雅高考日”前来，就能一览无遗余。我们能够做到 30 年品质如一的秘密，全都在这里。百丽雅采取全员参与、知行合一的考核方式，全方位提升岗位技能，为顾客带来更优质、更全面、更专业的服务。

2.

每年的考核中，在数十位考官的监考下，数百位考生依次经过笔试、口试、实操三大模块的考核。考生包括三养顾问、三养美容师、咨询师、护士、前台、行政、配料师、保洁员等不同岗位的员工。

3.

在笔试现场，百丽雅集团的董事长及各位高管都会来担任考官。理论考试考的是实打实的知识。我们的员工都来自专业院校，拥有良好的专业基础，考核是为了让所有人都牢记专业知识，服务好每一位顾客。

4.

口试是不可缺少的环节。口试的考生包括顾问以及咨询师，口试的内容包括考生对企业的认知、对顾客项目的专业搭配、对自我成长的计划、对职业生涯的规划。

5.

实操是考核每个岗位上的员工是否都能职业化地进行专业操作和服务。百丽雅通过每年的考核实现品质升级、服务升级、形象升级，让每一位顾客都美得安心。

三、周年庆：直观体验品牌文化的盛典

1.

每年的周年庆典我们都会精心挑选深圳最高端、雅致的环境，让顾客置身于尊贵华丽的氛围中，享受专属于顾客的品牌文化仪式感。

2.

我们的董事长每年都会花 3 个月以上的时间，为会员们精心准备一支动感优美的舞蹈。

3.

我们每年都会展示顾客的“高光时刻”。比如会员的才艺表演、T 台走秀，展现鹏城女性的魅力。

4.

我们每年都会展示百丽雅人的风采，比如团队风采展示、四姿五礼、手语操、情景剧、诗朗诵等。

5.

我们每年都会展示一个知识产品。无论是《三养女人杂志》《百丽雅企业文化手册》还是《百丽雅安心手册》，其内容都是来自员工服务顾客的心得以及总结的经验。

6.

每年的周年庆我们都会尽可能地以多样化的形式呈现，但不变的是百丽雅对顾客的用心与真诚。

四、年终答谢宴：专属于会员的一天

1.

每年的这一天是专门为了犒劳百丽雅会员而设置的。“家人家宴”“您

最珍贵”，无论是什么样的主题，这都是专属于百丽雅会员的日子。

2.

无论采用哪种答谢形式，我们的董事长都会亲自致谢，提前两个月为顾客准备妥帖的礼品，以及为顾客第二年的健康美丽计划做好规划，并感谢过去一年里顾客对百丽雅的信任与托付。

3.

顾客回忆一年来百丽雅点点滴滴的感动服务，满满都是温情的、感人的瞬间。员工和顾客见证了彼此值得纪念的辉煌时刻，我们感恩会员一如既往的信任、支持与陪伴。很多会员说：“来百丽雅感觉就像回到家一样，被这样一家企业关爱着、呵护着，我很放心。”

第三章　督导体系

督导系统

一、如何借助 ISO 国际三项体系认证进行标准化督导

1.

我们依照 ISO 国际三项体系认证（ISO9001 质量管理体系认证、ISO14001 环境管理体系认证、ISO45001 职业健康安全管理体系认证）为员工和客户保驾护航，让员工工作放心，让顾客美得安心。

2.

ISO9001 质量管理体系认证的内容包括：门店环境卫生、员工职业形象、安全生产管理、产品质量体系、技术考核、客户满意度管理、仪器合格证书体系等。

3.

ISO14001 环境管理体系认证的内容包括：垃圾分类、节能减排、环保材料、空气新风系统、软水系统、布草消毒等方面的监管和执行等。

4.

ISO45001 职业健康安全管理体系是为员工负责，包括为员工安排高档住宿小区、定期检查安全、定期体检、工间操、定期安全常识普及等。

二、如何进行系统科学的督导

高层管理者每月都会到总部各部门、各会所进行检查并收集反馈信息。对出品、运维、客服、财务、技术、人资行政等进行全方位督导与支持。

1．各部门督导标准

百丽雅三养美容	文件编号：BLY-MW-XZ-		版本号：A/0	生效日期
各部门督导标准	拟制：	审核：	审批：	签发日期
目的	高标准、严要求执行 ISO 三体系认证			
各部门	督导内容			
出品部	1.活动方案、宣传物品是否到位及正常使用；2.招牌、广告海报、灯箱，是否需要更换；3.提示牌、贴胶、贴画到位、损坏情况；4.视频统一格式和播放；5.店面宣传品使用后的回收管理，名誉牌匾清单核对等			
运维部	1.检查电脑设备，如网络是否通畅、硬/软件是否能正常运行；2.系统执行检视；3.线上团购执行情况等			
客服部	1.客户生日服务执行检视；2.异业接待情况检查；3.客户售后跟进；4.养心下午茶执行等			
财务部	1.检查单据数据的准确性和提交的及时性；2.客装产品的管理，比如客装产品库存是否有堆放、过期现象；3.停车费执行检查；4.客户奖品管理检查；5.餐吧与鲜花成本检查等			
技术部	1.检查会所内的仪器安全、外观卫生，使用状况；2.仪器配件维护、清洁度，是否正常使用；3.配料房；4.呆滞院装产品库存管理；5.迎接陪送服务流程执行检查			
人资部	1.关注人文关怀/日常活动组织，以及人员的稳定情况；2.考勤制度执行情况；3.公司通知公告执行情况；4.各会所证照齐、全及有效期的情况			

续表

百丽雅三养美容	文件编号：BLY-MW-XZ-	版本号：A/0	生效日期
各部门督导标准	拟制：　　审核：	审批：	签发日期
行政部	1. 检查环境卫生、垃圾分类管理；2. 物品管理、五感六觉执行；3. 宿舍督导，安全与卫生；4. 部门安全管理，全员的安全培训，应急预案执行管理；5. 员工仪容仪表检查		

2．扫除道检查标准

百丽雅三养美容	文件编号：BLY-MW-XZ-	版本号：A/0	生效日期
各部门督导标准	拟制：　　审核：	审批：	签发日期
目的	为了加强公司卫生管理，为客户提供干净、舒适、高品质的服务场所，特制定此标准		
适用范围	此标准适用于本公司各部门、各会所、悦医疗单位		
区域	外围公共区域；前台与大厅；房间与洗手间；营养餐与配料房 / 药房；员工休息室		
检查范围	检查范围：各会所营业场所和员工场所、营业场所分内部、外部 外部：门庭外地面、橱窗、广告牌、绿化 服务区：大厅、前台、顾问间 / 咨询区、美容房 / 诊室、营养吧 / 配料房 / 消毒间、洗手间 内部：员工休息室 / 茶水间、会议室、办公室、洗手间、布草间、更衣室、仓库、配电房、热水房		
操作程序	会所卫生实行“早准备、晚安检”标准，每天早中晚三个阶段清洁； 实施分区负责，每天自检和互检，每周一次大扫除，每月一日扫除道，每月一次总部督导、每月一次神秘访客		
内部包括	大厅、顾问间、营养吧、配料房、楼梯及楼道、房间、更衣室、卫生间、淋浴区、休闲区、布草间、小仓库、热水房		
外部包括	庭外广告、花池、宣传画、宣传架、玻璃、台阶		
执行人	行政主管，每天自检，通过图片发会所工作群里进行整改		
方法	以客户进入会所路线，检查人员戴白手套、持手电筒、相机		
总要求	眼看到的地方无污渍，手触及的地方无灰尘，耳听不到异响，鼻闻不到异味，检查完毕白手套无污染		
检查人员	扫除道项目组成员		

服务督导表格

一、服务体验触点督导图

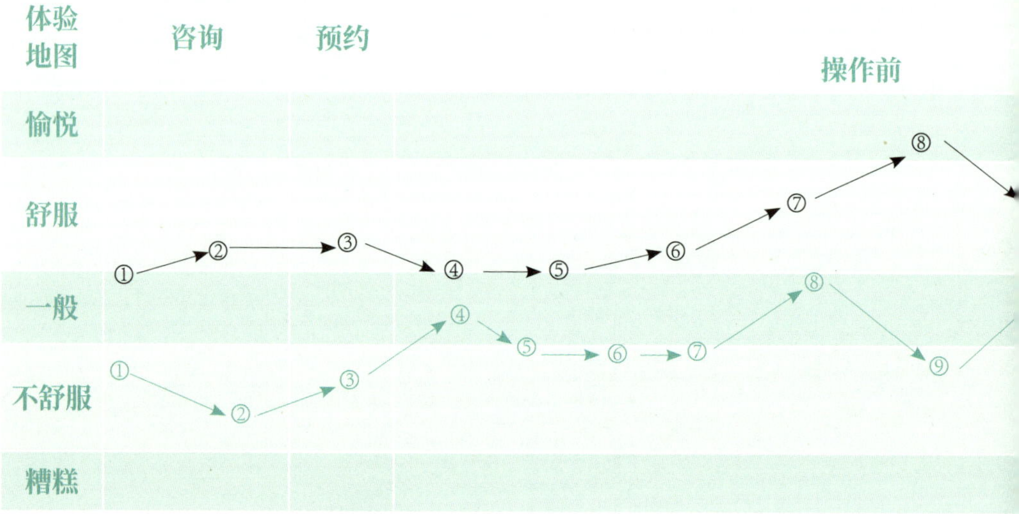

备注：① 渠道宣传　② 咨询沟通　③ 市场服务 网络 APP 电网客服　④ 位置 外观　⑤ 停车 保安　⑥ 店内环境　⑦ 前台接待　⑧ 问诊咨询　⑨ 开单

→ 期望提升客户到店的体验感指数　→ 目前客户到店的体验感指数

①
- 公域营销
- MRM
- 私域运营
- 路粉

②
- 响应速度
- 服务态度
- 用词标准

③
- 简单便捷
- 信息准确
- 预约提醒
- 专家排班准确

④
- 清晰的交通指示
- 明确的门店导航
- 贴心的停车说明

⑤
- 核对信息
- 礼貌周到
- 制服规范
- 便捷泊车
- 应对检查
- 环境卫生

⑥
- 温度适宜
- 灯光柔和光源统一
- 气味清新

⑦
- 仪容仪表
- 行为规范
- 主动周到
- 可领服务
- 奉茶
- 填写问诊表
- 专业介绍
- 专家铺垫

⑧
- 体现专业
- 服务理念
- 品牌意识

⑨
- 仪容仪表
- 行为规范
- 礼貌周到
- 规范话术
- 收银环境

⑩
- 洗脸间
- 统一产
- 规范用

百丽雅服务体验流程

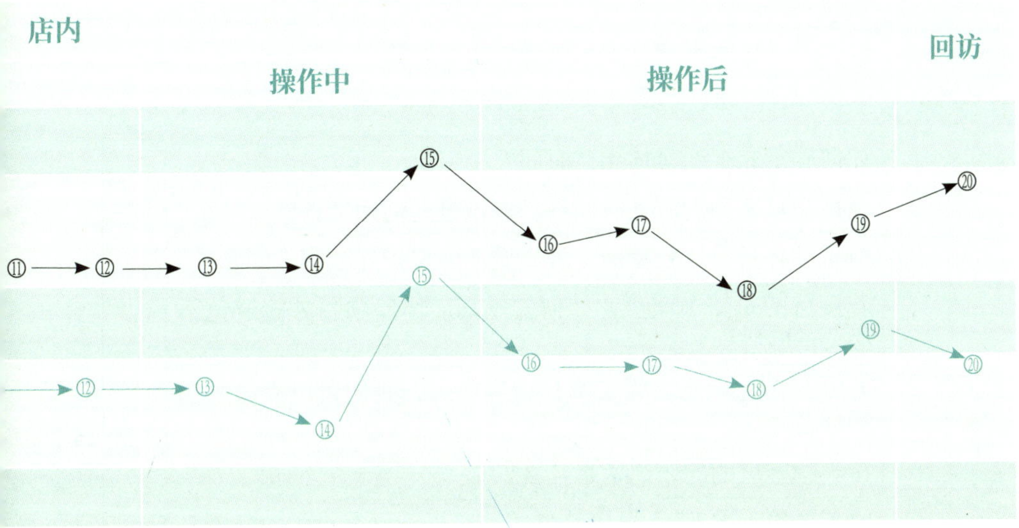

/洁肤 ⑪ 拍照 ⑫ 排号 ⑬ 等待 ⑭ 预先告知 ⑮ 敷麻 ⑯ 操作 ⑰ 冰敷 / 留观关怀 ⑱ 拍照 ⑲ 送客 ⑳ 回访跟进

⑪
照间环境
务规范
一标准

⑫
◎ 排号系统
◎ 等待区域环境
◎ 优化等待时间
◎ 提供宣传信息

⑬
◎ 专业用语
◎ 统一话术
◎ 提前告知内容一致
◎ 服务规范
◎ 皮试 / 血栓
◎ 手部消毒

⑭
◎ 专业用语
◎ 统一话术
◎ 规范操作
◎ 服务周到
◎ 手部消毒

⑮
◎ 操作间环境
◎ 礼貌用语
◎ 操作规范
◎ 确认对比效果
◎ 手部消毒
◎ 体现专业

⑯
◎ 使用医用物品
◎ 手部消毒
◎ 统一话术
◎ 服务规范

⑰
◎ 提醒事项
◎ 服务周到细致
◎ 准备术后包
◎ 确认复诊时间

⑱
◎ 拍照间环境
◎ 服务规范
◎ 统一标准
◎ 服务规范

⑲
◎ 叫车 / 取车
◎ 行李物品
◎ 送至上车
◎ 目送离开

⑳
◎ 满意度调查
◎ 事后注意事项
◎ 标准话术
◎ 回访时间

二、服务体验地图自查表

百丽雅新员工入职必答的问题清单

环节	序号	问题	答案
接待前	1	如何确定顾客的具体到达时间？	
	2	当得知顾客预约服务时间后，该做哪些前期准备？	
	3	由于顾客身份比较特殊，怎样做才能保护好顾客的隐私？	
	4	若接待的是知名演员，如何安排到店体验项目才能避免不必要的喧哗？	
	5	若顾客自驾到店，为了不让顾客久等，我们可以先做好哪些准备？	
	6	接到顾客后的问候话术是什么？	
	7	停车场接到顾客后，可以从哪些细节提升顾客对你的好感？	
	8	疫情后时代，在顾客到店后，需要额外为顾客做什么？	
	9	在接待前，应提前为顾客准备哪些物品？	
	10	接待重要顾客前，怎样做才能提升她们的好感度和信任度？	
	11	见面后，你应该怎么称呼顾客？	
接待中	12	介绍企业文化时，怎样做才能留给顾客更好的印象？	
	13	如何了解顾客的护理需求？	
	14	如何针对顾客的需求，为她设置服务项目/做项目搭配？	
	15	如何跟顾客介绍这个项目？	
	16	安排顾客体验项目前，应做好哪些对接工作？	
	17	邀请顾客进护理空间体验的话术是什么？	
	18	考虑到顾客的隐私保护，进房间体验前，应该在空间布置上注意些什么？	
	19	如果是做面部护理类的项目，可以询问顾客哪些喜好细节？	

续表

环节	序号	问题	答案
接待后	20	如果是做身体护理类的项目，可以询问顾客哪些喜好细节？	
	21	在向顾客对接服务导师时，应向顾客介绍什么？	
	22	准备进入房间时，应采用哪些礼仪及话术？	
	23	操作过程中，顾客突然身体不舒服该怎么办？	
	24	给名人顾客提供食物时应该注意些什么？	
	25	名人顾客可能有哪些顾虑？如何减少顾客的陌生感和不信任感？	
	26	考虑到顾客身份不同，可能会有哪些特殊需求？（比如，摆放不同国家的报纸杂志）	
	27	当项目服务结束后，应告知顾客哪些内容？	
	28	有哪些可能引起的反应和注意事项是需要跟顾客沟通的？	
	29	如何向顾客分析其当前皮肤/身体状况，让她感觉到真实效果？	
	30	如何询问顾客的满意度？	
	31	如何恰当地让顾客留下联系方式？	
	32	顾客离开的时候该怎么欢送？	
	33	顾客准备自驾离开时，做什么会让顾客觉得你提供的全程服务很细致？	
	34	根据顾客的身份，可以设置哪些隐私保护承诺？	
	35	顾客出门后担心路人拍照围观，应该怎么办？	
	36	若门店内其他顾客刚好碰到某知名人物，想上前合影留念，该怎么办？	
	37	如何邀请顾客再次到店？	
	38	如何了解顾客更多的护理需求？	
	39	如何给顾客做回访？	

三、活动督导图

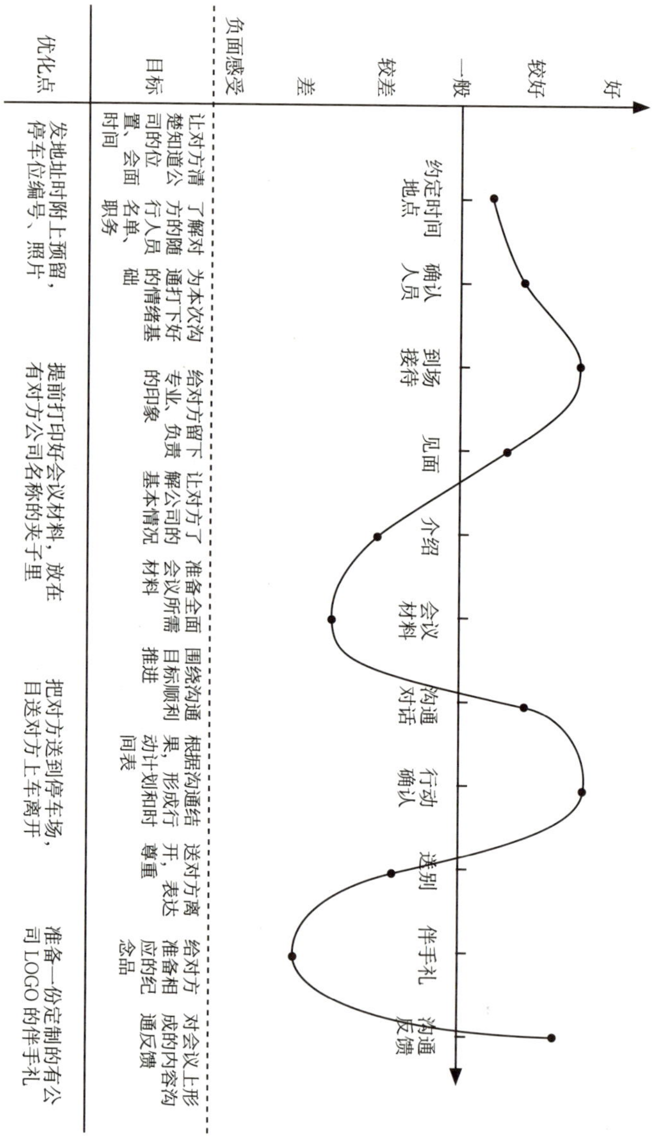
好
较好
一般
较差
差
负面感受
目标
优化点
约定时间地点
确认人员
到场接待
见面
介绍
会议材料
沟通对话
行动确认
送别
伴手礼
沟通反馈
让对方清楚知道公司的位置、会面时间
了解对方的随行人员名单、职务
为本次沟通打下好的情绪基础
给对方留下专业、负责的印象
让对方了解公司的基本情况
准备全面会议所需材料
围绕沟通目标顺利推进
根据沟通结果，形成行动计划和时间表
送对方离开，表达尊重
给对方准备相应的纪念品
对会议上形成的内容沟通反馈
发地址时附上预留停车位编号、照片
提前打印好会议材料，放在有对方公司名称的夹子里
把对方送到停车场，目送对方上车离开
准备一份定制的有公司LOGO的伴手礼

四、电话预约表

姓名	电话	预定项目	预定时间	人数	经手人	备注

五、服务记录表

护理日期	美容师	护理项目	购买产品情况	顾客签名

六、待客礼仪评分表

项目	自我评价	主管评价
1. 接听或打出电话时礼仪是否周全		
2. 顾客进门时是否招呼周到		
3. 准备工作是否完善且未让客人久候		
4. 是否引导顾客入座和主动倒茶		
5. 询问时语气是否亲切有礼		
6. 服务时是否经常保持自然笑容		
7. 服务时动作是否训练有素		
8. 与顾客交谈时是否使用礼貌用语		
9. 与顾客交谈时气氛是否融洽		
10. 客少时是否有偷懒迹象		
11. 向顾客收款时是否致谢		
12. 顾客离店时是否为其开门并道别		
13. 与顾客迎面而行时是否让路		
14. 顾客的满意度		
需要改进的地方：		

七、仪容检查对照表

检查项目	检查结果
1. 头发干净、无头皮屑，发型整齐	
2. 脸部干净，妆容淡雅、没有脱落，香水适宜	
3. 牙齿干净，没有口臭	
4. 身体干净，没有异味	
5. 手干净、皮肤细腻（美容师尤其要注意）	
6. 指甲干净、剪短，不涂指甲油	
7. 不戴首饰、手表，其他配饰不夸张	
8. 制服干净，穿戴整齐	
9. 制服里的衣服干净、搭配得当	
10. 鞋子洁净，方便活动	
11. 发自内心的真诚的微笑	
12. 声音柔和、不刺耳	
13. 调整自己面对顾客的心态	

行政督导表格

一、美容院每日安全检查表

检查项目	待改善事项	整改方案
1. 消防	无法使用、道路阻塞	
2. 灭火器	缺少、失效、阻塞	
3. 走廊	阻塞、脏乱	
4. 门	阻塞、损坏、开关不灵	
5. 窗	不清洁、损坏	
6. 地板	不清洁、损坏、打滑	
7. 楼梯	损坏、阻塞、脏乱	
8. 厕所	脏臭、漏水、脏乱	
9. 办公桌椅	损坏	
10. 美容床椅	损坏、摇晃	
11. 店面四周	脏乱、废弃物未清理	
12. 一般仪器	保养不良、基础松动	
13. 插座开关	损坏、不安全	
14. 电线	损坏	
15. 供水	漏水、排水不良	
16. 仓库	凌乱、防火防盗不良	
17. 废料	未处理、放置凌乱	
18. 宿舍	脏乱	

二、美容院人事行政管理表

员工考勤表

姓名：　　　　　月份：

日期	上午	下午	迟到	早退	事假	病假	探亲假	调休	顶班	加班	假日	其他
1												
2												
3												
4												
5												
6												
7												
8												
9												
10												
11												
12												
13												
14												
15												
16												
17												
18												
19												
20												
21												
22												
23												
24												
25												
26												
27												
28												
29												
30												
31												

三、美容院卫生管理用表

卫生检查表1

检查项目	担当者	责任人	店长	日期
清扫情况				
各种材料准备				
花卉等植物的管理				
收银台的整理				
接待区、等候室				
服务用品整理				
文件用品				
卫生间				
门面				
毛巾桶				
玻璃				
灯光				
音响				
垃圾				

卫生检查表 2

检查项目	待改善事项	整改方案
1. 消防	无法使用、道路阻塞	
2. 灭火器	缺少、失效、阻塞	
3. 走廊	阻塞、脏乱	
4. 门	阻塞、损坏、开关不灵	
5. 窗	阻塞、脏乱	
6. 地板	不清洁、损坏、打滑	
7. 楼梯	损坏、阻塞、脏乱	
8. 厕所	脏臭、漏水、损坏	
9. 办公桌椅	损坏	
10. 美容床椅	损坏、摇晃	
11. 店面四周	脏乱、废弃物未清理	
12. 一般仪器	保养不良、基础松动	
13 . 插座开关	损坏、不安全	
14 . 电线	损坏	
15 . 供水	漏水、排水不良	
16 . 仓库	凌乱、防火防盗不良	
17 . 废料	未处理、放置凌乱	
18 . 宿舍	脏乱	

四、内部沟通督导表

《认知扭曲核查表》包括以下内容。

（1）非此即彼思维。非黑即白的思维模式。只要表现有一点不完美，你就觉得自己完全失败了。

（2）以偏概全。在你看来，只要发生一个负面事件，就表示失败会接踵而来、无休无止。

（3）心理过滤。你单单挑出一个负面事件反复回味，最后你眼中的整个现实世界都变得黑暗无光，就像一滴墨水染黑了一整杯水。

（4）否定正面思考。你拒绝正面的体验，坚持以这样或者那样的理由暗示自己“它们不算”。虽然这种消极信念有悖于现实体验，但却以这种方式固执地坚持着。

（5）妄下结论。你喜欢用消极的理解方式下结论，即使没有确切的事实有力地证明也如此。

①读心术。如果发现他人的行为不尽如人意，你就认为是针对你的，对此你也懒得去查证。

②先知错误。你觉得事情只会越来越糟，对这个预言你深信不疑。在你看来，它已经是事实。

（6）放大和缩小。对于你的错误或他人的成就，你往往会夸大它们的重要性。但对于你的优点或他人的缺点，你又会不理智地将它们缩小，把它们看得微不足道。

（7）情绪化推理。你认为只要有负面情绪，就足以证明事实确实非常糟糕。比如，你这样想。我感觉得出来，所以肯定就是真的。

（8）“应该”句式。你习惯于用“我应该做这个”和“我不应该做那个”

来鞭策自己。“必须”和“应当”这类句式带来的情绪后果就是内心情绪紧张。如果你把“应该”句式强加于他人，你甚至会产生愤怒、沮丧甚至仇恨的情绪。

（9）乱贴标签。极端的以偏概全的形式。乱贴标签指的是用高度情绪化、充满感情色彩的语言来描述事物。比如，当你犯了错误，你容易给自己贴上消极的标签——我是个废物。如果有人让你恼怒，你又会给他（她）贴上消极的标签——他（她）真是个讨厌鬼。

（10）罪责归己。对于某些外界消权事件，你根本不需要负责，你却认为自己是罪魁祸首。

跨部门合作者需求研究表

对方部门对方角色	OKR/KPI 对方的关键指标	对方的关键指标中与我有交集的	我可以给他的指标帮上忙的地方	最近（共同）上级对 TA 的要求上级的指令很可能会干扰 KPI	TA 个人的重要目标除了部门目标之外 TA 还有什么目标希望达成	对方的职业外信息、毕业学校、家乡、兴趣爱好等

<table>
<tr><td colspan="6">______________的使用说明书</td></tr>
<tr><td colspan="6">沟通系统</td></tr>
<tr><td colspan="2">我对你的期待</td><td colspan="2">沟通系统</td><td colspan="2">我的雷区和底线</td></tr>
<tr><td colspan="2"></td><td colspan="2"></td><td colspan="2"></td></tr>
<tr><td colspan="2">支持系统</td><td colspan="2">支持系统</td><td colspan="2">支持系统</td></tr>
<tr><td colspan="2"></td><td colspan="2"></td><td colspan="2"></td></tr>
<tr><td colspan="6">支持系统</td></tr>
<tr><td colspan="3">我擅长什么，你可以得到怎样的支持</td><td colspan="3">我不擅长什么，我需要你怎样支持我</td></tr>
<tr><td colspan="3"></td><td colspan="3"></td></tr>
<tr><td colspan="3"></td><td colspan="3"></td></tr>
<tr><td colspan="3"></td><td colspan="3"></td></tr>
<tr><td colspan="3"></td><td colspan="3"></td></tr>
<tr><td colspan="3"></td><td colspan="3"></td></tr>
</table>

五、合作情报表

姓名	分析维度	信息	迭代信息
	角色维度		
	行为风格		
	背景调查信息		
	过往战绩		
	谁能影响 TA		
	TA 能影响谁		
	我方直接 / 间接联系人		
	与顾问的关系		

技术督导表格

一、美容师培训考核表

<table>
<tr><td>姓名</td><td colspan="2"></td><td>出生年月</td><td></td><td>籍贯</td><td></td><td>学历</td><td></td></tr>
<tr><td colspan="3">进入生活馆时间</td><td></td><td colspan="3">职务</td><td colspan="2"></td></tr>
<tr><td rowspan="8">接受培训课程</td><td rowspan="2">序号</td><td rowspan="2">日期</td><td rowspan="2">课程内容</td><td colspan="3">成绩</td><td colspan="2" rowspan="2">培训主管考核评估意见</td></tr>
<tr><td>实操</td><td>理论</td><td>演讲</td></tr>
<tr><td>1</td><td></td><td></td><td></td><td></td><td></td><td colspan="2"></td></tr>
<tr><td>2</td><td></td><td></td><td></td><td></td><td></td><td colspan="2"></td></tr>
<tr><td>3</td><td></td><td></td><td></td><td></td><td></td><td colspan="2"></td></tr>
<tr><td>4</td><td></td><td></td><td></td><td></td><td></td><td colspan="2"></td></tr>
<tr><td>5</td><td></td><td></td><td></td><td></td><td></td><td colspan="2"></td></tr>
<tr><td>6</td><td></td><td></td><td></td><td></td><td></td><td colspan="2"></td></tr>
<tr><td rowspan="10">美容主管年度总评估</td><td colspan="2" rowspan="5">专业课程掌握程度</td><td>课程程度</td><td>皮肤结构与产品配搭学</td><td>产品成分、作用机理</td><td>产品的主要卖点</td><td>按摩手法和精油手法</td><td>演讲仪态和语言表达</td></tr>
<tr><td>优秀</td><td></td><td></td><td></td><td></td><td></td></tr>
<tr><td>良好</td><td></td><td></td><td></td><td></td><td></td></tr>
<tr><td>合格</td><td></td><td></td><td></td><td></td><td></td></tr>
<tr><td>差</td><td></td><td></td><td></td><td></td><td></td></tr>
<tr><td colspan="2" rowspan="5">非专业课程掌握程度</td><td>课程程度</td><td>销售产品的技巧</td><td>与顾客沟通的技巧</td><td>解决问题的能力</td><td>公司历史与产品起源</td><td>充分发挥本岗位职责</td></tr>
<tr><td>优秀</td><td></td><td></td><td></td><td></td><td></td></tr>
<tr><td>良好</td><td></td><td></td><td></td><td></td><td></td></tr>
<tr><td>合格</td><td></td><td></td><td></td><td></td><td></td></tr>
<tr><td>差</td><td></td><td></td><td></td><td></td><td></td></tr>
<tr><td>个人总评</td><td colspan="8"></td></tr>
<tr><td>店长总评</td><td colspan="8"></td></tr>
</table>

编号：　　　　　月度：　　　　　所属部门：

注：此档案表可作为晋升的依据之一。

二、美容师评分表

1. 美容师接待评分表

会所 / 企业文化介绍（满分 10 分；时间 10 分钟）　　得分：

内容	评分标准	失分情况 / 评语	实得分
大方自信	1		
表达清晰精练	1		
企业定位、团队	4		
环境设备要求	1		
技术要求	1		
服务价值	1		
阐述“在百丽雅，美得安心”	1		

2. 美容师实操评分表（满分100分；时间15分钟）

会所：　　　　姓名：　　　　评核人：　　　　总分：　　　　得分：

考核项目：	预计考核用时： 开始时间： 结束时间：	失分情况 / 评语	得分
妆容状态（10分）	1. 工装干净整洁（1分） 2. 标准妆容（1分） 3. 积极主动的状态（5分） 4. 问好意识（3分）		
三提前三准备（15分）	1. 物品的准备是否完善（5分） 2. 物品的摆放是否整齐（5分） 3. 告知顾客房间进行消毒（5分）		
尊崇服务（15分）	1. 语言表达有礼貌（3分） 2. 服务细致度（10分） 3. 尊崇呵护感（2分）		
专业分析诊断（20分）	1. 专业分析能力（10分） 2. 解决方案（10分）		
项目操作（30分）	1. 流程准确、流畅度（10分） 2. 手法正确度（10分） 3. 手法舒适度、精确度（10分）		
欢送（5分）	1. 贵重物品交接填表（3分） 2. 售后叮嘱（2分）		
成本节约（5分）	1. 物料不浪费（2分） 2. 仪器、物品维护意识（3分）		
项目考核总评语	优势	劣势	重考

三、技能分类评分表

1. 客户经理星级考核面试、口试评分表（满分 50 分；时间 15 分钟）得分：

考生编号：	考生姓名：	评核人：	评核人：
会所：	现级别：	报考级别：	总得分：

请面试人员在考核中对每一项进行打分。

面试（满分 10 分；时间 2 分钟）　　得分：

评分内容		评分标准（满分）	失分具体情况请注明
仪容仪表	着装	1	
	妆容	1	
表情神态	笑容	1	
	亲和力	2	
行为规范	礼貌用语	1	
	表达能力	2	
	应对能力	2	

口试（满分 40 分；时间 13 分钟）　　得分：

评分标准	评分（满分）	时间控制	评语	实得分
专业题目 1. 理论掌握（6 分） 2. 答案准确性（5 分） 3. 分析能力（4 分）	15 分	5 分钟		
价格题目（产品和代码） 1. 准确性（7 分） 2. 流畅度（3 分）	10 分	3 分钟		
销售题目 1. 销售技巧（5 分） 2. 亲和力（2 分） 3. 主动性（3 分） 4. 应变能力（5 分）	15 分	5 分钟		

注意事项：考官严格按考核时间进行，避免占用下一位考生的时间。

2. 美容师星级考核面试、口试评分表（满分：50分；时间15分钟）得分：

考生编号：	考生姓名：	评核人：	评核人：
会所：	现级别：	报考级别：	总得分：

请面试人员在考核中对每一项进行打分。

面试（满分10分；时间2分钟）　　得分：

评分内容		评分标准（满分）	失分具体情况请注明
仪容仪表	着装	1	
	妆容	1	
表情神态	笑容	1	
	亲和力	2	
行为规范	礼貌用语	1	
	表达能力	2	
	应对能力	2	

口试（满分40分；时间13分钟）　　得分：

评分标准	评分（满分）	时间控制	评语	实得分
专业题目 1. 理论掌握（6分） 2. 答案准确性（5分） 3. 分析能力（4分）	15分	5分钟		
价格题目（产品和代码） 1. 准确性（7分） 2. 流畅度（3分）	10分	3分钟		
销售题目 1. 销售技巧（5分） 2. 亲和力（2分） 3. 主动性（3分） 4. 应辩能力（5分）	15分	5分钟		

注意事项：考官严格按考核时间进行，避免占用下一位考生的时间。

3. 美容师实操考核（满分 120 分）

会所：　考生工号：　　员工姓名：　　评核人：　　　总分：

（1）接待流程（满分 20 分）。　　　　　得分：

接待流程（20 分）		评分标准（满分）	失分具体情况请注明	实得分
仪容仪表	着装	1		
	妆容	1		
表情神态	笑容	1		
	亲和力	2		
行为规范	礼貌用语	1		
	表达能力	2		
	应对能力	2		
接待规范	按百丽雅接待服务流程标准打分	10		

（2）会所介绍：模拟客人在会所内参观，由美容师介绍整体设施特色（满分 30 分）。得分：

介绍范畴	评分标准（满分）	具体情况请详细注明	实得分
企业文化背景 / 需渲染到位	5		
美容房 / 需介绍其设施功能	5		
心灵餐吧和书吧 / 需表达营养和三养中的养心	5		
仪器 / 需讲解有哪些仪器和功能	5		
产品和项目 / 需介绍一到两个适合顾客的	7		
配料房 / 需强调公开式的调配产品	3		

（3）实操项目：包括手工或仪器操作，由考官自由选择考核项目（满分70分）。得分：

考核项目	开始时间： 完成时间： * 在考核中对每一项进行打分	具体情况请详细注明	评分标准（满分）	实得分
疗程前准备情况	1.配料用具的准备是否完善（2分） 2.物品的摆放是否整齐（1分） 3.房间的准备与安排是否合理（2分）		5	
擦脚前奏	1.动作规范准确度（3分） 2.擦脚作用解释是否到位（2分）		5	
尊崇服务	1.疗程开始不得随意离开客人（1分） 2.流程顺畅度（3分） 3.话术表达准确性（2分） 4.服务细致度(尽量不让客人动手)(4分)		10	
项目操作规范性	1.流程准确度（5分） 2.手法正确度（10分）		15	
理论专业沟通	1.项目专业知识掌握度（5分） 2.专业表达感染力及说服力（5分） 3.整体灵活度（5分）		15	
服务满意度	1.服务流程满意度（3分） 2.微笑用语满意度（2分）		5	
疗程跟进	1.项目疗程安排多少天来做一次（3分） 2.疗程结束是否预约下次来店时间(2分)		5	
附加项目意识	1.挖掘客人需求的能力（2分） 2.销售意识（3分）		5	
成本节约意识	1.物料成本节约（2分） 2.仪器保养意识（3分）		5	
项目考核总评语	优势	劣势		

备注：考官必须使用培训手册内的实操考卷作为技术评分标准。

4. 客户经理专业考核表（满分 120 分）

会所：　考生工号：　　员工姓名：　　评核人：　　　总分：

（1）接待流程表达（满分 20 分）。　得分：

评分内容		评分标准（满分）	具体情况请详细注明	实得分
仪容仪表	着装	1		
	妆容	1		
表情神态	亲和力	1		
	笑容亲切度	1		
	礼仪	1		
行为规范	礼貌用语	1		
	表达能力	2		
	应对能力	2		
接待规范	按百丽雅接待服务流程标准打分	10		

（2）会所介绍：模拟客人在店内参观，由客户经理介绍整体设施特色（满分 30 分）。　得分：

介绍范畴	评分标准（满分）	具体情况请详细注明	实得分
企业文化背景 / 需渲染到位	5		
美容房 / 需介绍其设施功能	5		
心灵餐吧和书吧 / 需表达营养和三养中的养心	5		
仪器 / 需讲解有哪些仪器和功能	5		
产品和项目 / 需介绍一到两个适合顾客的	7		
配料房 / 需强调公开式的调配产品	3		

（3）专业沟通及疗程配搭（满分 70 分）。　　　得分：

评分内容	评分标准（满分）	具体情况请详细注明	实得分
了解顾客需求	10		
发现顾客需求	10		
项目方案设计是否全面、合理（面部、身体、仪器、医美）	30		
投诉处理能力	10		
是否做信息记录（顾客基本信息、消费史、美容史、喜好等）	5		
是否按标准使用销售工具(名片、纸笔、镜子、疗程册、检测仪等)	5		

四、美容师操作记录表

日期	A 类			B 类			C 类		
	项目	客户	顾问	项目	客户	顾问	项目	客户	顾问

五、仪器档案在册登记表

会所仪器档案在册登记表

会所：　　监管部门：　　技术经理：　　负责人：　　技术主管：

编号	名称 / 型号	购买日期	停用日期	使用寿命	保修期	维修时间	损坏 / 遗失因素	配件名称 / 数量	供应商名称 / 负责人	供应商维修联系方式
1										
2										
3										
4										
5										
6										
7										
8										
9										
10										
11										
12										
13										
14										
15										
16										
17										
18										

六、巡房标准表

巡房日期：			巡房时间：		
检视项目：			美容师：		
详细内容	是	否		是	否
接待流程：					
接待流程是否达标					
笑容语调亲切贴心					
擦脚动作是否规范					
技术操作：					
操作时坐姿是否标准					
手法准确度					
物品轻拿轻放					
流程顺畅准确					
服务细节：					
服务细腻					
音乐调试是否合适					
物品归位：					
服务中房间状态物资检视					
仪器用后是否及时放置门外					
专业沟通：					
皮肤分析					
处理问题及时到位					
疗程搭配建议是否专业					
仪器搭配建议是否专业					
优势：					
劣势：					
解决方案：					

第四章　人才成长体系

百丽雅
始于·一九九二
在百丽雅 美得安心

人才体系

一、人才体系如何更好地运转

1.

作为美业优质品牌，百丽雅有着区别于同行的独特的“人才成长”体系。想要成为美业的常青树，企业应该如何运转？

百丽雅重点关注新员工的培养和老员工的维护。

两方面：

在培养新员工方面，我们按照筛选、练习、考牌、上岗、带教等环节依次进行。

在稳定老员工方面，我们为其提供职业规划、有效的薪资福利，让老员工在企业扎根。

2.

我们招聘美容师基础条件有以下几条：

（1）皮肤好。

（2）无较重的体味（若有狐臭，转岗前需治疗好狐臭后再转）。

（3）工作积极主动，吃苦耐劳。

（4）手掌多肉，无手粗纹，十指健全，不冒冷汗。

（5）良好的表达沟通能力及学习能力。

（6）较强的服从力与执行力。

（7）认可公司企业文化和价值观，能够主动融入团队。

（8）学习过与美容相关的课程。

3.

应聘美容师能力的考核标准如下表所示。

考核项目	备注
感受手法带来的舒适及效果	手法力度
	穴位精准度
	手感柔贴度
	手法舒适度
皮肤专业知识	分析考官皮肤
身体理疗、经络知识	检测考官身体经络和劳损问题
会操作的仪器种类	了解应聘者以往操作的仪器品种，操作流程及功效
服务细节、服务态度	留意顾客的体感温度及时为其盖好毛巾，讲卫生、态度好、热情主动
沟通销售能力	根据以往的美容工作经验，找出考官的需求，做出专业分析
认可公司企业文化和价值观	认可百丽雅的企业文化，服从安排，能融入团队（7 天观察期后评定）

4.

美业的入岗培训仅仅是为了让员工能够迅速上岗、尽快服务顾客吗？不，我们心目中的美业培训不是“为了让新员工更快地面对顾客”，而是“让新员工尽量晚点面对顾客”。我们的考牌学习是新员工在服务顾客之前完成的，目的是“让新员工上岗前就锻炼为老手”。

新美容师入职后，一个项目从培训、练习到考核需要 1 ~ 2 个月的时间。通过这种方式，让手法不够成熟的新员工在考牌中继续磨炼，在“安全区”犯错误。新员工在老员工身上重复练习，不断地收集反馈，不断地进行调整，主管对其进行反复考核，最终上岗服务顾客。

考牌制度的真正作用，是在技术主管——师傅守护的边界里，让新员工充分试错，亲身体验成功的喜悦、挫败的迷茫，这些经验促进新员工成长。这样做的成本比服务顾客后犯错的成本小得多。

在好口碑的企业里是能够建立融洽的师徒关系的。新员工来到百丽雅的第一件大事就是“拜师”。美业是个手艺匠人为核心的产业，技术手法是关键。新员工能否融入企业的关键就是师徒关系的亲近度，所以我们尽量增加师徒的相处时间，让师徒相处时能够产生最大化的教学效益。只有良好的师徒关系，才会产生好的教学效果。

百丽雅有一套以个人成长为中心的“育人体系”，其含义是：每个员工都是一个独立的教育成长中心，这也是全体金三角的责任中心。技术组长就是“师父”，负责新员工专业技能的提高。师傅既要给新员工上课，还要关心她们的学习习惯和态度，更要培养她们自主学习、坚持不懈、解决问题的能力，甚至还要给每一位学习节奏不同的伙伴制订个性化学习方案。关于企业文化、个人成长的内容则由行政主管来负责，行政主管是新员工的协调人。行政主管每天与新员工相处在一起，帮助她们制定阶段目标和职业规划。

一个能够长久发展的企业，会为员工提供多元化、自由的成长空间。百丽雅定期为员工带来修养心灵、出国游学、国际礼仪、团队协作、沟通交流等方面的课程，为每位员工带来工作以外的成长以及全身心的发展。

一个人才济济的企业，要能够为员工提供多样化的成长路径和职业天梯。对于一位新入职的员工，她的职业未来有多种可能。如果你喜欢钻研知识，有匠人精神，可以深造成为技术主管；如果你热爱与人交流，有服务精神，可以成为三养顾问；如果你善于督导规划，喜欢做幕后英雄，可以成为行政主管；如果你兼具以上所有才能，你可以成为独立的会所经理人；等等。总之，在百丽雅不存在“职业天花板”。

就像美国管理大师戴明所说：一个组织中的员工问题，80% 都是组织和系统自身的问题。只要能成功地建立结构良好、机制健康的组织，领导者的工作就会轻松很多。能用结构解决的问题，就不用制度。能用制度解决的问题，就不靠开会。我们秉持着这样的体系已经走过了 30 年，相信未来还会迎来更多的 30 年。

二、如何持续给企业注入新鲜力量

1.

美业本身就是一个流动性大的行业，特别是新员工在参加入职培训，对公司没有建立起归属感，技能够用却不精进的时候，就容易离职或跳槽。本着对人才积极容纳的态度，我们制订了新员工 12 个月的薪资保障过渡计划，使新员工享受到在职员工的福利。

2.

新员工月度文化培训的内容都是职场新人最关心、最实用的难题解析。比如，为什么要选择美业？为什么要选择深圳？为什么要选择这家企业？此外，培训内容还包括新员工未来职业规划（从个人生活到经济能力）以及新时代精致女性的仪容仪表和礼节。

3.

新员工到门店会有专门的入职接待流程，并为其举行正式的欢迎仪式。给新员工安排资深员工做师父，同时举行拜师仪式。平时，让师父给新员工做练习手法的“模特”；新员工学会新的项目后，企业会在员工大会上对师父和新员工进行表彰。

4.

有关生活和安全防护的知识，师父会为新员工耐心讲解。如宿舍的防火防电、女性生活常识、情感处理等生活常识。

5.

我们设有“总经理直通车”。新员工开始工作的前半年，高管团队会时刻关心她们的生活：吃得好不好，睡得好不好，宿舍关系是否融洽，工作上老员工是否耐心指导和积极反馈，等等。

三、老员工如何留住精英人才

1.

我们之所以能够有如此多超十年工龄的员工，就是因为员工对百丽雅的归属感强。员工的归属感主要受五方面影响：薪资收入、环境舒适度、职业天梯、企业的感情连接以及企业对个人的成长助力。

2.

在薪资收入方面，我们目前已有过百位美容师月收入过万，占比 43%。此外，百丽雅为员工在购房、购车、保障金、医疗保险方面提供了丰厚的福利。

3.

在福利保障方面，我们的员工享有购房支持福利、安家乐业金。自 2014 以年来，已有 56 位在职员工在公司帮助下实现了深圳置业。员工还享有购车支持金福利；业务能力突出的员工，公司直接奖励车辆，实现通勤自由；表现优异的核心员工享有重疾保障险，人均 3.5 万元 / 年。

4.

我们的董事长常说：百丽雅是一个没有天花板的平台。除了透明直观的晋升通道外，在新人入职时，企业就帮助她们进行系统的职业规划。在百丽雅的年度考核之际，员工可以通过竞聘大会挑战更高的职位。每年年底还有“年度三养专家”的评选，获得三养专家称号的员工享有丰厚大奖，享有加薪或晋升资格、奖励员工父母旅游等。

5.

百丽雅还有一个激励员工的实践方法——夸夸卡。夸夸卡是同事之间日常点滴的嘉许，让更多人互相看到、互相关注。获得夸夸卡的同时，员工每日都会收到小额奖励金，卡数累计达标，企业就会帮助这位同事完成一个“小心愿”。在每天的例会上送出夸夸卡的时候，就是员工之间相互欣赏、相互赞许的时刻。每个月获得夸夸卡最多的员工，会在每月的员工大会上受到公开表扬并分享感受，向更多员工展示自己的高光时刻；年终得到夸夸卡最多的员工，成为当年最优秀的员工。此外，为了感谢与企业一路相伴的员工，特别设立了“工龄里程碑福利”。工龄满3年及以上的员工，被授予价值不等的项目福利卡。

6.

百丽雅非常注重员工的个人成长。员工会定期享受到国际礼仪专家的仪态培训、精油芳香疗法课程、美商培训，清华、北大、中欧等EMBA课程以及“得到”等一系列滋养身心的心灵成长课程。百丽雅的员工，不但美得安心，并且秒秒精进、时刻成长。

四、如何让员工为顾客提供持续可靠的专业技术服务

1.

为了让顾客享受到始终如一的专业服务，我们有一套成熟的培训体系和考牌制度。不同资历、不同入职年份、不同学习速度的美容师都有相应的学习计划。

2.

新员工入职后至少要培训1～2个月才能正式上一个项目牌。只有通过基础项目的“知识理论”和“实操服务”牌照考核后，美容师才有资格开始服务顾客。

3.

对于已经上牌的美容师，我们会对其持续进行技能专业的检查与督导。技术主管每天都巡房，每周不定期突击检查，企业每月统一进行月度考核。

4.

美容师的技能与服务的水平直接与绩效挂钩。全体员工每年都必须参加百丽雅考核。考核分数低于标准线的员工需要补考，补考不通过则淘汰。考

核成绩优异者，企业为其颁发最高荣誉及奖励，此项荣誉为年度“百丽雅三养专家”评选。

五、基于上千品项，如何为顾客提供私人化的专业方案

1.

百丽雅针对不同季节，依照顾客的年龄、肤质为其进行个性化的需求定制，提供多样化私人定制服务。

2.

我们的顾问被要求具备皮肤专业、中医养生、健康营养学、心理学、营销学、高科技仪器设备知识，具备专业的精准诊断和美学咨询能力，等等。

3.

美容顾问每月至少参加 3 次集体培训，加强礼仪培养、职业修养、团队协作、项目专业及心灵成长等方面培训课程的学习，确保在专业的前提下，能够与顾客同频沟通，给予顾客最精准的项目搭配。

六、如何将美业人才的经验转化为企业组织能力

1.

随着“知识经济”时代的到来，知识资源已成为企业核心竞争力中至关重要的元素。如何总结利用经验和管理知识成为每个企业面对的机遇与挑战。著名咨询顾问公司 Delphi Group 的调查显示，企业中一部分知识（42%）是存在于员工头脑中的隐性知识，另外 58% 是来自不同种类（电子的和纸质的）的显性知识总和。那么，百丽雅是如何将隐性的知识显性化的呢？

2.

参考大学的论文和答辩的形式，百丽雅的员工会不定期接收到小任务，在研究打磨后进行全员 PK，每个单位的优胜者代表各单位参加知识分享的总

决赛，为自己的团队争取荣耀与奖励。比如，百丽雅举办的“共享心智大赛”“扫除道大赛”“我为×项目代言大赛”“我为×（某人）的变美计划大赛”，等等。

3.

最宝贵的知识就是自身经验。针对优秀的实干者，我们会帮助她们进行经验的萃取。

4.

萃取经验的第一步，就是帮助“实干者”构建简单情境，可以借助具体事件来重现情境。

首先，所选的事件必须是与主题相关的；其次，所选的事件最好是最近的或印象最深刻的。从成功事件中萃取经验，从失败事件中萃取教训。比如，“你最近最令顾客满意的一次服务”“工作以来最让你印象深刻的一次服务”，等等。

5.

代入具体的场景后，要追溯更多的细节，经验需要线索才能被提取出来。比如：“当你服务一个喜欢追剧的顾客时，你具体该如何做呢？步骤如何？有没有详细的话术？”“这个步骤有什么诀窍？”“还有吗？”另外，作为一个绩优者还需考虑“新手面对的问题”，比如难点、易错点、误区点、易忽略点等。

6.

将具体事件充分还原之后，就开始提炼方法，将经验结构化呈现。比如，还原了“如何服务好一个喜欢追剧的顾客”这一场景之后，从中提炼出可执行的方法。与这类顾客聊天的时候，可以通过提问的方式引发顾客表达，可以提前在短视频平台快速了解剧情，参考豆瓣等评论平台分享自己的感受，等等。

7.

经验萃取是一个从具象情境到抽象概括的过程，要以终为始，才能梳理清晰萃取思路，将经验更好地转化为行动，成为可复制的企业能力。

员工福利

一、父母会：员工最期待的一天

1.

父母会是百丽雅员工一年之中最期待的一天。在这一天，员工可以与自己的父母共享喜悦，让父母为自己的成长而骄傲。每年的父母会我们都会邀请所有的员工及员工的父母，欢聚一堂感受爱与团圆，感受企业对每一位员工的大爱，教导每一位员工应如何对父母尽孝。

2.

百善孝为先。百丽雅自从 2002 年启动孝道文化以来，每年都会花费上百万元用作家庭孝文化经费。董事长带领高管团队去全国各地员工的家里拜访，亲自送上礼物及现金；邀请员工父母进行国内、国外豪华旅行；引导员工以不同形式执行孝道文化；等等。

3.

参加父母会的员工家属只要人来就可以了，剩下的一切都交给百丽雅打理。在父母会前，我们就会为员工的家人们安排好机票 / 车票以及住宿的酒店。家人们到达后，我们会安排专车接送，带其入住酒店。

4.

父母会期间，家属们可以观赏员工表演的节目，有精美的话剧表演、热辣的舞蹈表演、令人捧腹的小品表演，还有深情款款的朗诵表演。

5.

每一位三养专家牵手自己的父母走上红毯，登上荣誉的舞台。父母与优秀的儿女分享这丰硕的成果，为孩子感到骄傲，感到自豪。一个好的平台，一个拥有美好未来的企业，不仅能让员工成长改变，还会让员工的父母享受到站在领奖台上的快乐。

6.

父母会的晚会现场，我们邀请来宾为获奖员工颁发各种奖励，包括里程碑奖励、年终奖励等。

7.

父母会最动人的环节，莫过于百丽雅员工给自己父母写的内心独白信。现在很少有人用手写书信的方式与亲人交流情感。在这些信里，没有华丽的辞藻，没有浮夸的言语，朴实而真挚的字里行间，流露着孩子对父母的感恩之情。

8.

百丽雅的企业文化手册中曾提及："孝道文化，小孝是陪伴、供养；中孝是传承、延续；大孝是超越、开拓。"孝道文化一直是百丽雅的核心精神。

9.

董事长赵青曾说："百丽雅人都有一个信念，我们生命的精彩来源于创造一个又一个的奇迹。感恩百丽雅所有的父母，是他们辛勤半生把子女培养得如此优秀。"使命传承，让爱流动，让智慧显现。百丽雅的领航人用身心践行着说出的每一句话，带领着员工发现意想不到的自己。一家有灵魂、具有生命力的企业是什么样子？那就是百丽雅的样子。

二、百丽雅员工一年会收到多少份礼物

百丽雅的每一位员工一年都会收到 20 多份礼物。百丽雅为每位员工准备的礼物清单如下表。

百丽雅员工一年会收到的礼物		
序号	节日	方案细则
1	旅游	年度旅游：全员 2 天省内之旅或 4 天省外之旅，占年员工福利预算的 4%
		优秀员工旅游奖励：特殊贡献奖 / 技能标兵 / 销售能手享有出国游学旅游，占年员工福利预算的 2.5%
2	父母会	父母食、宿、行费预算，占年员工福利预算的 4%
		父母旅游：深圳之旅和三养专家全家旅游，占年福利的 2%
		父母新年礼物，占年福利的 1.5% （品牌床上用品、家电、健康用品）
3	腊八节	腊八粥福利
4	春节前	员工新年晚会文艺活动及聚餐，占年福利的 1.5% （抽奖礼品：现金、一线品牌最新款手机、高端美容产品、家居用品、电子产品、小家电等
		过年费 100 元 / 人；疫情期间鼓励留深圳，1000 元 / 人
5	春节后	3 年以上员工工龄探亲车补
6	元宵节	元宵下午茶 + 团建聚餐
7	女神 / 男神节	洁丽雅毛巾 +5 片面膜、卫生巾半年套盒、护肤品、丝袜 / 棉袜等
8	护士节	护士专属福利：护士皮鞋、护肤品等
9	母亲节	非转基因大豆油和粳米大礼包、10 片蚕丝面膜 + 男神送康乃馨
10	美容师节	美容师专属福利：白棉袜、“一阅天颜”护肤品
11	儿童节	保温杯、小书包、文具、泳衣等多种礼品
12	父亲节	非转基因大豆油和粳米大礼包、10 片蚕丝面膜
13	端午节	粽子水果礼盒 + 团建经费聚餐
14	高温季福利	“高温糖水补贴”，解暑凉茶或糖水，每周 100 元糖水金
15	建军节	退伍军人的专属福利
16	医师节	医师的专属福利
17	教师节	三养学院讲师、师父小礼物
18	中秋节	定制月饼 + 水果果篮 / 酸奶 + 团建聚餐
19	感恩节	员工—公司、上司—下属感恩分享会
		布置费用，占年福利的 0.5%
20	冬至节	活动经费，占年福利的 1%
21	平安夜	平安果

续表

百丽雅员工一年会收到的礼物			
22	员工生日福利	员工：可享有私密检测及私密养护一次（男士享有脊柱养护一次），可享受价值 1280 元的美容项目或美容产品	
		主管级：可享有激光类项目一次	
23	公司提供工作餐福利，占年福利的 10%：请专人做饭，保障饮食卫生、营养及安全		
24	公司免费提供工服福利，占年福利的 4%：每人 2 套，定制工服		
25	公司提供员工宿舍福利，占年福利的 20%，员工需负担少额水电费		
26	五险一金	公积金，占年福利的 10%	
		员工重疾险，占年福利的 0.2%	
		社保，占年福利的 20%	
27	培训福利	员工进修或游学	
		高级讲师讲授：亲子教育、两性关系、沟通技巧等课程	
28	员工体检福利，占年福利的 1.2%，免费享受价值 500 ~ 1500 元的体检服务		
29	股东分红及福利卡，占年福利的 10%		
30	核心员工重疾及收益险，占年福利的 4.2%		
31	员工大事记福利	结婚、生子礼金，生病补贴	礼金 1000 ~ 10000 元 / 人 礼金 1000 ~ 5000 元 / 人 慰问金 800 ~ 2000 元 / 人
员工福利预算：占年营业额的 5%			

除此以外，每周美容师和护士只要客流达标，即可享受“客流达标”产品券；工龄里程碑福利，赠送公司健康项目卡；特殊假期，带薪假期有年假、婚假、产检假、产假、陪产假、病假、丧假、法定假；购房购车借款福利。

三、作为百丽雅员工，变美有多么简单

1.

百丽雅员工的容颜定格在她入职的时候。我们的员工每次回家，亲戚朋友都觉得她越来越好看，好像在逆生长一样。在百丽雅，员工就是能够悄悄变美。

2.

百丽雅的员工，如果日常工作中能为顾客提供优质服务，或提出可行性的建议，就可享受项目或产品的奖励。

3.

百丽雅所有的高端护肤品或项目，员工都可享受优惠。

4.

业绩或工作表现优秀的员工，可直接获得私人定制的变美项目奖励。

5.

百丽雅的员工，每个月都可享受一次免费护理。

四、为什么员工的家人都喜欢百丽雅

1.

孝道文化是百丽雅五大文化基石之一。我们提倡“爱在行动”，建议每一位百丽雅人“一日一短信、一周一电话、一月一邮钱、一节一礼物、一年一相聚”。有的员工说，自从来到百丽雅感觉跟父母的联系变多了，距离远了关系却亲密了。

2.

百丽雅员工的直系亲属也享有百丽雅项目的员工福利政策，家人跟着员工一起变美、变健康。

3.

在儿童节的时候，百丽雅会送每位员工的宝宝 60 元起的节日礼物。

4.

在新年的时候，百丽雅会送每位员工的父母一份新年礼物。比如，2020 年是格兰仕微波炉，2019 年是私定手表，2018 年是富安娜床上用品。此外，我们还为员工的父母准备保暖内衣、蚕丝被、蒸锅、按摩仪、智能泡脚盆等。

5.

需资助的特殊家庭，百丽雅会召集全员募捐并资助员工的家人。遇到难关大家群策群力，一起陪伴着她们渡过难关。

6.

在“年度三养专家”的评选上，获奖员工父母往返深圳参加颁奖典礼差旅费、食宿费，公司全程负责。

7.

公司每年都会举办“父母会”，邀请员工的父母来深圳游玩，机票、高铁往返深圳，公司提供包吃包住包玩一条龙贴心服务。

心智共享案例

一、百丽雅的梦想

百丽雅集团董事长——赵青

尽管美容行业竞争激烈，从业人员素质参差不齐，百丽雅组织也有闲杂之音，但我依然怀有一个坚定而真挚的梦，这个梦深深地根植于我的心中、我的骨髓里、我的灵魂里。

我梦想百丽雅在平庸的商业之中奋起、卓尔不群，引领中国美容行业，创造全球专业地位，成为一个能“让世界看中国”的美容公司。从打造三养专家做起，弘扬三养文化，成就三养女人，建设把爱传出去的平台。怀着对这个梦想的追求，体现我生命的真正价值。

我梦想有一天，女人不再是家庭的保姆、事业的奴隶，拥有爱自己的生活观，追求生命的品质，探索精神的价值，美丽、健康、快乐，拥有幸福和谐的人生。

我梦想有一天，美业人不再是美容工匠手工作业者，不再是服务销售员，每一个美业人都心怀梦想，被世人尊重。

今天我怀有一个梦想。我梦想有一天我在利益导向的商业竞争中，依然满怀激情，追求行业的品质，建设行业品牌，怀有坚定不移的信念，决不动摇、懈怠和逃避。

今天我怀有一个梦想。我梦想有一天百丽雅的员工，是相亲相爱的一家人，情感相依，生活富足，成长卓越。大家一条心，行动一致，像德兰修女一样把爱传出去，并为了这个信仰忠贞不渝，毫不动摇。梦想百丽雅爱的天使在全球华人中传播美丽，建设更多传播爱的平台。我们用生命感召，用心灵起舞。

今天我怀有一个梦想。我梦想人们因为美丽而自信，家庭和谐幸福，人人都变得更加健康快乐。这是我的希望，这是对百丽雅传承的信念。有了这个信念，我们就能把组织中嘈杂刺耳的抱怨之声变成仁爱之声。有了这个信念，我们就能相互尊重、相互欣赏、相互感恩，一起奋斗，一起努力，一起探讨，共患难，一起推动这份神圣的美丽事业。因为我们深信终有一天我们的事迹将成为世人的标榜。

为后人树立榜样。即使我们的肉体渐渐老去和消亡，我们的灵魂、我们的精神、我们的创举，却后世流芳，为子孙所传承。我们的生命没有遗憾，只有闪亮地绽放。最后我们可以微笑着离开这个世界，我们为子孙后代留下了传承美丽的灵魂家园，把爱传出去的人生舞台！

二、美，是女人一生的追求

百丽雅集团运营总监——郑国文

美，是女人最爱的事业。稻盛和夫说：人生最幸福的两件事，其中一件是找到自己最感兴趣的事，并把它当作事业。我的幸福找到了。

我是百丽雅集团运营总监郑国文，从事美业 24 年，从美容师到美容顾问，再到会所总经理、运营总监，美业一线岗位我几乎都做了。我很庆幸自己 19 年前成为百丽雅的一员。企业的家文化是吸引我的起点，来自五湖四海有梦想的女孩在这里慢慢成为相亲相爱的一家人。高管团队一同经历了 5 年、10 年、20 年，每一位都成了我密不可分的亲人，我们共同成长、创造，拼搏与收获。

因为我们都拥有一份让自己变美、变健康，同时还能让更多女性变美、变健康的事业。我们有着共同的使命，坚持打好女人一生的三张王牌——形象、学习、坚持。

美业的蓬勃发展诱惑无限，但我们每一个人都不受任何利益诱惑，坚持初心，感恩让自己不断成长的大舞台、感恩信任我们一直支持我们的顾客朋友，怀着一颗感恩的心坚持做好高品质，贴心服务，提供顶尖技术。我坚信，在这个“智商过剩”的年代，人与人之间更多的是相互吸引，“真诚 + 用心 + 专业”。太多的艰辛让我们明白一个道理：没有任何一位消费者不在乎自己的体验感，良好的口碑来自日积月累的沉淀。

我从事美业 24 年的经历和经验总结如下。

从事美容师岗位工作的我不断摸索学习技能，能专业、精准感应顾客来自身体的需求，为顾客提供更舒适的护理服务。

从事顾问岗位工作的我，同样爱美的我对顾客的需求感同身受，顾客都希望花 1 分钱得到 10 分钱的价值，所以提供全方位的专业项目建议与搭配是顾问岗位的本职。

从事会所总经理岗位工作的我，要让更多顾客变美、变健康。持续的满意度一定会让团队的每一位员工在工作中找到幸福感与成就感，这样她们才能发挥更多的能量与智慧，将美丽与爱传递出去。

从事运营总监岗位工作的我，不同一线岗位工作经验的积累，让我更加回归初心。个人利益只是当下的短期回报，团队壮大才能让个人获得长期的良性发展。面对来自员工及顾客的反馈与体验感，有着不同岗位工作经验的我，多了一分淡定与从容，打破了管理思维与营销策划思维的多个僵局。举办各品牌的专场活动、会员沙龙等，我会根据不同季节、不同年龄、不同顾客的需求集合品牌亮点进行活动策划，让顾客享受超值体验的同时享受更多福利，开心地变美、变健康。

我们把每一位顾客都当家人来呵护，并不是为了讨好顾客。我们深知女人都希望自己是备受呵护的那一位，现代女性把更多的爱给了家庭，给了社会，她们最缺乏的就是疼爱自己，在百丽雅，我们宠她们。

有的顾客说：每次出差回来，第一时间最想做的事就是来百丽雅报到。有的顾客说：在别的地方体验项目面临被推销做选择的时候，第一反应是咨询一下百丽雅的伙伴，这样才感觉自己更加踏实和安全。听到顾客这样说，我们特别有成就感，我们能做的就是给顾客更多的舒心和安心。

看到一直陪伴团队前行的百丽雅伙伴，从初出茅庐一张白纸似的进入百丽雅，跟自己一起不断学习、历练、突破、成长为专业化、职业化的美容从业者，我们特别有成就感！

我是郑国文，百丽雅集团运营总监。我的使命始终不变：让更多信任百丽雅的顾客，更加美丽、健康、幸福、喜悦。

三、不忘初心，砥砺前行

禧悦医疗抗衰和蜜悦生殖医疗总经理——叶青

我是禧悦医疗抗衰和蜜悦生殖医疗的总经理叶青，进入行业一晃已经 22 年了，前几天收拾办公室无意中发现了一本跟在我身边 19 年的笔记本，看到了自己写在封面上的一行字：做你所爱的工作，爱你所做的工作！ 19 年前自己写下的这行字再一次触动了我，于是就有了我今天这篇文章的标题——不忘初心，砥砺前行。

我从小就是一个视美丽如生命的女子，22 年前因为对美的热爱，我放弃了原南京军区总医院安逸的护士工作，进入了美业，一路走到今天。如果说是曾经的部队医院工作造就了我的严谨习惯，那么 22 年的行业经历让我对美丽健康事业的热爱更加坚定。

我 2006 年进入百丽雅，历任美容顾问、顾问主管、会所经理、医疗项目负责人、总经理，到现在的禧悦医疗抗衰和蜜悦生殖医疗两家医疗单位的总经理。在百丽雅的 16 年里，公司的每个角落都有过我的身影，所以很多顾客都认识我。

2012 年，当坐落在智慧广场的禧悦医疗抗衰中心还是一片毛坯房时，我就已经明确了自己未来的工作定位与方向。在董事长的率领下，我们如经营一个家庭一般，从医院的初建装修，到每一台来自以色列、德国、意大利等世界各地的顶端设施设备，即使它有强大的专业医疗背景，我们依然要经过各种渠道的考察调研、效果验证、团队商讨，即使再贵再稀缺，最终我们也会用各种方法买回来。2013 年，禧悦医疗抗衰中心正式开业。2018 年，蜜悦生殖医疗中心也在众望所归中正式开业。这些年来，我们如履薄冰，一步一个脚印，走得可能不够快，但确保走得够稳、够扎实，只为给顾客安全安心和效果保障。从禧悦医疗抗衰到蜜悦生殖医疗，我们云集了权威、专业的专家医生、全世界顶端的医疗仪器设备、最安全有效的医疗项目、最夯实最有爱的团队，兢兢业业地把每一位顾客都当作自己的父母、爱人、孩子一般地用心呵护着。

当全球性的灾难让整个世界都处于一片慌乱时，我们的医疗团队用最扎实的医疗经验，协助整个集团投入井然有序的经营工作。很多顾客和同行都问我：疫情有没有对你们造成影响？我说：有影响，那就是顾客因这场疫情更加关注自己和家人的健康。因日常医疗工作的严谨和多年来积累的顾客对我们的信任，我们的顾客没有因疫情而减少对自己美丽健康的投资，因为这场疫情让大家更懂得珍惜当下，活好每一天。而我们百丽雅人、禧悦蜜悦人，就是为了让大家的每一天都更加健康美丽而奋斗的。

无论外面的世界有多精彩，无论风雨有多大，我始终不忘初心，砥砺前行。我有一个坚定不移的信念，那就是：用我生命的 50 年，陪伴你美丽健康的 50 年！

四、百丽雅 = 永远的最优选择

心悦医美总经理——罗文娟

我是 1997 年广东省第一届广州卫校医学美容专业的学生，那时候只有手术整形，没有微整技术，没有注射产品和药物，也没有那么多专业审美要求。我因为想考医学专业类学校，机缘之下就被分配到这个专业了。那时候大家都认为女孩子当个护士或者当老师再或者在银行工作就很好，收入稳定，又是铁饭碗。我毕业的时候已经不包分配工作了，我庆幸自己当时相信缘分选择留在了医学美容业而不是助产士。从此，我走上了我热爱的美容行业之旅，至今已经工作 25 年了。

百丽雅是我工作的第二家公司。在百丽雅工作的 21 年里，公司给了我很多学习的机会。从最专业的顾问课程到各种产品、项目专业、销售服务、礼仪、心理学、管理课等，我都认真学习过。我深知学到了才是自己的，现学现用，很快就能熟能生巧，为顾客提供服务也越来越自如和自信。从进入公司的第二年开始，我的业务实现了各种突破。一个又一个突破让我的成就感递增，我开始越来越喜欢自己的工作。同事领导都知道我是一个认真做事的人。我除了用学习到的专业知识征服顾客，更多是用真诚和负责的工作态度赢得顾客的认可，在业绩上取得了很多超越性的结果。多年来我因为在公司表现优秀，获得了多次外出旅游学习的机会。2004 年，我第一次出省，带领 15 人的冠军团队去海南游玩；我第一次出国，跟董事长去了马来西亚，还有公司管理层日韩游轮游、新西兰游学、迪拜抗衰之旅，2019 年带着孩子参加文莱游学；等等。这都是我的荣耀，特别感恩公司给我的这些收获，也是对我的认可和嘉许。2002 年，我到鸿瑞店入职当一名销售顾问，后来成为主管，至尊店、购物公园、鸿瑞店的运营管理人员。鸿瑞店是我成长的摇篮，开始时我是一个文静内向的女孩子，我努力改变自己，认真学习每个细节标准做到顺畅表达，从学习怎么微笑到如何跟顾客交谈，怎么处理顾客投诉，怎么和员工谈心，还跟着领导面试新人，带培入职的新员工。每种工作都是对我的历练，让我的自我学习能力和培养员工的能力都不断成长，也是我管理能力和专业知识的积累和提升。从专业岗位到管理岗位的不断锤炼，让我更加肯定百丽雅的平台没有天花板，它可以让人持续去挖掘自己的潜能，发挥每个人更大的价值。禧悦抗衰中心设计总监岗位的工作是我提升医疗抗衰专业的根基，让我加深了对医疗项目的认识，增加了服务的严谨性。之后我担起了公司另一家医疗机构的重任。

如今我是心悦医美的总经理，2017年年初开始带团队进入心悦医美的工地，为了更好地服务每个进入心悦医美的顾客，我们每天在没有装修好的场地训练各个岗位的员工学习医疗专业知识、服务接待，制定接待流程，梳理项目结构，请皮肤科、外科、厂家的专家医生每天给员工进行专业理论和仪器手法的培训。我带着大家学习美学设计，讨论怎么样的仪态礼仪更好，怎么把我们的每张单写好，还一起商讨医疗部的无菌操作标准、医疗急救、药品管理和各科室制度。我们反复练习、检查每一个服务细节，还一起打扫卫生，相互练习接待礼仪。我用百丽雅一直遵循的服务理念要求大家，用我自己的经验带大家做了团队凝聚力的拓展训练。那时候我们相互鼓励、共同进步，每天都开心地来到心悦，满怀期待地等着开业。当试营业收到第一张预售卡的5800元钱时，我们欢呼雀跃，心里想的是怎么服务好第一个会员，怎么吸引更多顾客成为我们的会员。

大半年后，心悦终于在12月中旬正式开业了。我们不断收到顾客的反馈：有喜欢我们的环境的，有喜欢我们的项目的，有想让项目更丰富、更便宜的，等等。我们经常开会，调整方案，经历过顾客投诉、员工离职。可能很多人会觉得这些都很平常，但是对于一个初建的团队来说却是非常难熬的。因为我们不做广告，不做渠道，更不做线上的引流，我们需要更强的专业水平和更好的服务吸引顾客，让会所的员工对心悦有信心，让顾客认可心悦。因此，我们更注重每个顾客对服务流程和操作效果的满意度。我每天巡查，对每个到店的顾客都做满意度调查，带着咨询师做顾客回访，了解顾客祛斑的效果、做双眼皮恢复过程的感受。在不断收到更多好评后，我们对自己增强了信心，公司也支持我们引进更多好项目。新项目突出女性优势的皇牌悦动胸，有改善皮肤敏感和色素问题的皮肤细胞项目和仪器，还有解决顾客健康刚需的牙科项目。我们找到了对应的项目和产品，操作师有了学习和成长的机会，咨询师也有了比同行更自信的产品。这两年心悦不断突破，业绩高速增长，得到了更多顾客的认可，团队更加稳定，大家的向心力也大幅提升。

现在是心悦的第四年，我们包括行政、咨询、医疗的所有部门里都有表现特别突出的员工，在这就不一一赘述了。

我很感恩百丽雅这个平台，感恩我遇到的所有关心、支持我的顾客和同事，她们都是我的贵人，更感恩我的团队，这些都是我持续努力、不断进步的动力。在这里，我衷心希望百丽雅所有员工和顾客都永远健康幸福、平安喜乐！

五、战战兢兢，如履薄冰；踏踏实实，稳步前行

百丽雅集团财务部总监——刘颖越

战战兢兢，如履薄冰；踏踏实实，稳步前行。作为一个在百丽雅工作了 14 年的员工，我要用这篇文章的标题来表述我的工作状态。只有我们的万分小心，才能保障企业正常运行，为我们的顾客打造最安心的服务场所。

我在百丽雅经历了 13 年的风雨。从 2008 年全世界金融危机开始，我目睹了我们所处的世界、我们的国家、我们的城市乃至我们的企业所经历的危机。我经常想的是：我们能做些什么？我们能为企业做的就是脚踏实地、稳扎稳打地夯实基础，不贪心、不冒进，在外部环境风声鹤唳的时候，让百丽雅焕发勃勃生机。

2014 年，顺应时代的潮流，追赶科技的脚步。我们的医疗美容门诊部成立。成立医疗美容门诊部的目的是让我们的会员在享受贴心呵护的同时，也参与到科技改变生活的时代中来。一位又一位富有经验的专家，一台又一台专业又昂贵的高科技仪器，从美国、德国、以色列来到百丽雅集团医疗美容门诊部。我们最有经验、最得力的同事与我们的专家医生们，为爱美、爱健康的会员撑起了百丽雅高端、大气、上档次的“悦医疗”会所，从此开始全方位为顾客打造安心美、安心健康的系列悦医疗会所。而我作为财务部的负责人，所要做的就是时刻监督前线的同事：脚踏实地，合法合规，稳步前进。

我们常常在思考：怎样才能够撑起一方更坚实的天空，为更多的鹏城女

性创造更安心的场域。30 年时光如水，我们的董事长赵青女士带我们走过了深耕的日子。未来的 30 年、50 年我们仍将小心翼翼，与我们的总经理王坤一起一步一个脚印扎实前行。您放心，百丽雅一直在您身边，风雨不动安如山。

六、做一行、爱一行、专一行

百丽雅集团技术部经理——张翠兰

22 年前我写过一篇日记，告诉自己“做一行、爱一行、专一行”，这也是我的性格写照。我选择了美业，从学校毕业后投入美业，就一直从事到现在。百丽雅是我从事美业后了解到的，它当时是深圳最讲究的美容院，所以我来了，一干就干到了第 19 个年头。

我在企业里走的是技术专业路线，美容师—技术主管—培训老师—会所经理—技术经理，我最有成就感和享受的岗位是美容师和技术经理。

做美容师的三年时间里，我收获了高水平的技术，而严格的考核为我带来了专业技术的提升。我是以有经验的美容师身份入职的，就一个面部基础护理项目，我学习并练习了一个多月后，自认为很完善了，但技术主管对我考核后，为我总结出需要提升的 58 个问题点，一张 A4 纸写得满满的。收好这 58 个提升点的总结，我又开始了从早到晚的重复练习，针对 58 个问题点一个一个地纠正完善。技术部的考核只有三次机会，不通过就面临淘汰，我坚定了一定要在三次考核中通过的信念。“百丽雅很严，鸡蛋里挑骨头的严”，这是我们同行里久传的一句话。经过一番努力，我终于通过了考核，正式成为百丽雅的一员。

真正上岗服务顾客时，我体会到了主管对自己严格考核带来的好处，因为技术到位，我被服务过的顾客记住，并被指定为其提供服务。工作忙不过来的那种充实感是对美容师最好的赞扬。

自从担任了技术主管和培训老师后，我秉承传统，坚持在鸡蛋里面挑骨头的考核。有时候也会遇到对此不理解的美容师，但当她实现蜕变，达到严谨的技术标准时，便能体会到“风雨之后见彩虹”的成就感。

今年是我在技术经理岗位上的第 9 个年头，我很热爱这个岗位。百丽雅的会员有很多是入会 10 年、20 年的，还有一部分是入会 30 年的，她们见证了我们的成长。我们每天都在思考：是什么留住了我们的老会员，用什么吸纳新的会员？在品项上，董事长一直坚守的理念是：要做就做最好的。历经 30 年，我们保留了很多经典的皇牌项目，并在中国美业高速发展中实现了很多项目的快速迭代。我们的定位就是引进全球的高端项目，守护好顾客的肌肤、身体、健康、美丽。我们引进设备的前提是三证齐全，其次是考虑功能、功效和可操作性，最后考虑和我们其他项目的结合性和替代性。从项目测试、项目引进规划、培训考核到最终出品到顾客面前，要经历非常多的审核环节。我们做综合型的项目从头到脚、从外到里全方位满足顾客身体、皮肤的需求，让顾客美得安心。美容师从入职到全部项目上牌需要三年时间，是非常高的培养成本。如何做好项目架构，如何选好项目，如何培养好技术人才是技术经理的工作重心。

我的成就感来自新员工从行业小白成长为被顾客信赖、依赖的优秀的专业人士；来自一个新项目从筛选到培训考核上线让顾客满意并依赖。感恩赵董用人不疑全然地相信我，让我在这个岗位上发挥我的热忱，获得成就感，获得成长。还有十几年与我共同成长的姐妹们，感恩她们的相伴，让我一眨眼就在这里工作了 19 年。品牌是生命，文化是灵魂，专业是根本，服务是价值。我会继续努力，抓好专业根本，让服务更有价值，让每一位顾客美得安心！

七、为每位顾客和员工保驾护航

百丽雅集团行政部经理——肖桂香

我是百丽雅行政部的肖桂香，19年前加入百丽雅大家庭，在董事长高标准、严要求地培养下，担任百丽雅行政总务。百丽雅是美容行业里设有行政主管的第一个公司。在行政总务这个岗位上，我是服务者也是督察官。

在公司里，我们的一线员工为顾客全然服务，二线员工全力支持，为她们提供安心的保障。我们依照 ISO 国际三项体系认证（ISO9001 质量管理体系认证、ISO14001 环境管理体系认证、ISO45001 职业健康安全管理体系认证）为顾客和员工保驾护航。

从早准备到晚安检，从环境到空气，从卫生到安全，从鲜花到食材的采购、布草的洗涤，百丽雅都有严格的执行标准。我一边支持大家依据高标准执行，一边进行严要求的检查。

百丽雅 30 年一路走来，我们感恩顾客的信任和交付。我发现，顾客在我们的心中已远远不只是被服务者，还是百丽雅人的老师，也是我们暖心的好朋友。

每次提供服务后，顾客都为我们提出严格的要求、正面的反馈，督促着我们进步，我们 ISO 国际体系认证里有每一位顾客奉献的力量。

在顾客的生日及节日时，我们都会送上问候和祝福。顾客会惦记我们为其准备的糖水点心、养心下午茶，喜欢我们为其生日布置的温馨房间。顾客良好的体验感是对我们最大的鼓励。

汪老师曾分享过精致的生活品质取决于两大因素：是否有“挑剔”的消费者群体，是否有敬业的生产者群体。很荣幸，这两者我们都拥有。

我们的董事长常说，只有我们自己拥有满满的幸福感才会有丰厚的爱来滋养我们的顾客。为此，在服务好顾客的同时，我们也在服务我们自己（百丽雅员工）。当我们的员工过生日时、身体不舒服时、在学习上遇到困难时、在生活上需要帮忙时、有开心的事情需要分享时，第一个想到的就是百丽雅的家人。我常听到伙伴感叹：我怎么这么幸福！是的，心安之处是家，在这里我们很安心。

未来的路还很长，我们始终相信，只有努力学习，才能为顾客提供更高品质的服务。就如我们的王总经理所说的：用我们的三养精神修炼我们的三养之心。愿亲爱的百丽雅家人在百丽雅美得安心。

八、一心一意只为服务好您

百丽雅集团人力资源部经理——胡海妹

我是人力资源部经理胡海妹。我从大学毕业便来到深圳，初入社会的胆怯和不适，让自己的择业生涯总是碰壁，感恩与百丽雅的牵手成功。第一眼看见我们百丽雅的门店及蝴蝶 LOGO，我和多数会员一样被深深地吸引。2007 年时，很多公司无法为员工提供食宿待遇，但我们做到了，为员工解决了生计的两大难题；逢年过节，给员工父母的新年礼物，各式各样，件件送到心坎上！这让原本不放心我独自在外工作的父母感到特别安心。我起初抱着来深圳试试看的心态，没想到就在百丽雅扎了根，还说服了相恋的对象放弃原本不错的工作和我一起在深圳奋斗。

现在，我们的小家已经安在了深圳，感恩公司资助我在深圳买了房，办了深圳的户口，孩子们也接受着深圳最好的教育。和百丽雅牵手的这 15 年，我感到很幸福、很满足！在百丽雅，企业工龄满 10 年以上的员工有 36 位，每一位都是公司各部门、各岗位的核心角色，5 年以上的专业技术型员工有 71 位。我们坚信，在百丽雅员工能获得成长、富足和喜悦，能为我们的顾客带来更多的美丽、幸福、健康和喜悦。

我的工作主要是选拔和培养新员工。从大专或中专院校的医疗美容专业进行筛选，然后经过专业训练、反复练习、考牌、上岗、带教等环节进行培养。

员工入职后，为其提供职业规划、贴心的薪资福利，让其在企业扎根。百丽雅人必须是热爱美业、品行端正的人。

每一位百丽雅人都很真实，因为我们创始人的一言一行时刻影响并激励着每一位百丽雅人。从咨询师、顾问到美容师以及在背后为顾客提供各项服务的二线员工，都在一心一意做好服务，让顾客在百丽雅美得安心。

九、每个点滴，都让顾客美得安心

百丽雅集团出品部经理——林晓璇

我是百丽雅集团出品部经理林晓璇，百丽雅自 1992 年成立，而今已迈入了第 31 个年头。为展现百丽雅更高品质、更优秀、更专业的品牌形象，我们集公司上下所有员工心力，严谨而自信地编辑了这本开源版的“品控手册”，将我们为顾客提供服务过程中的每个点滴，每一项流程都毫无保留地呈现给大家，其背后是每一个百丽雅人初心不改的信念坚守和美得安心的不断创新与突破。

作为百丽雅高管层里的新鲜血液，我很荣幸向各位介绍我以及我背后强大而专业的品牌团队，介绍我们出品部每一位成员每天都在做什么，如何向正在看这篇文章的您，输出百丽雅 30 年来优秀的企业文化。作为集团企业形象及品牌宣导部门，出品部线上策划工作涵盖日常项目海报宣传、企业微信公众号文章宣传科普、各项活动的邀请函等；线下策划工作涵盖每家会所的企业文化形象呈现，如玻璃门上的防撞条、地上贴的“小心台阶”、电梯门上的“在百丽雅・美得安心”、每个房间内的项目海报、每个桌面的台卡以及百丽雅各种品牌活动时您目光所及的现场活动转置，活动时的小礼物、小礼盒、小贺卡、小信件等均出自出品部 4A 级设计师、文案策划之手。

百丽雅的任何活动，我们出品部都会提前一个月甚至大半年为其做准备。“今年的周年庆主题应该从哪个方向传达我们对顾客的珍惜之情？”“什么样的主题颜色更符合当下想给顾客呈现的品格和中心？”“什么样的宣传文案顾客能感同身受？”“什么样的礼物更实用还创新？”“活动现场怎样陈设才更有氛围？”“活动现场怎样分工才能让顾客感受用心又高效？”等等。我们通过这些问题衍生各种活动主题、画面及活动现场陈设装置等，让顾客感受每一场活动所呈现的中心思想及动态。我们想让顾客不仅在百丽雅美得安心，更要感受到所到之处的贴心。

百丽雅 30 年来所取得的成就，靠的不是大幅度的广告铺垫，靠的是扎实优秀的企业文化和品牌形象。每一位来百丽雅的顾客，都见证了百丽雅的成长、突破及创新，体会了百丽雅优秀的服务体系。百丽雅人让每一位顾客乐享安心的背后，积聚着我们精细化的准备工作。

“在百丽雅，美得安心”，是我们每一位百丽雅人的核心使命，也是我们每一位百丽雅人永恒的追求。百丽雅过去 30 年有您相伴，未来也依旧与您风雨同行。

知识萃取案例

一、如何培养新员工的专业技能

1.

我是来自宝安会所的技术组长龚羽曦。我毕业于广西中医药大学，今年也是我来公司的第 9 年。感谢公司为我们提供的平台，在这里我从一个毕业实习生到美容师，再到培训岗位任职，通过不断学习，收获了知识，提升了能力。

2.

我觉得技术主管最重要的能力就是，“将专业语言通俗化”。我拥有系统的理论基础，又非常热爱医学专业，毕业时专业课程都取得了优等的成绩。因此，我对专业度要求很高，想把自己的所学全部教给学员，让她们成为理论知识稳固、专业技能优秀的导师，从而获得顾客的认可。但结果却是“理想很丰满，现实很骨感”。首先，系统的理论知识从学习到掌握需要时间的沉淀，想要学员短时间内全面掌握不太现实，导致学员的学习进度会变慢，甚至打击了其学习热情。其次，在实际工作中，我们发现其实顾客不需要了解系统的、晦涩的美业知识，她们需要的是既能听得懂又能体现产品特色的描述。

3.

总结经验之后，我试着调整培训方式。在培训皮肤的屏障功能时，我不再只是讲细胞结构、磷脂双分子层，等等，而是把专业理论用框架先梳理一遍，再用打比喻的方式阐述。比如，屏障就是保护的意思，就好像一个装水的杯子，没有盖子，水分蒸发快，外面的东西也容易掉进去破坏水质。如果给它一个杯盖，水分蒸发没有那么快，其他东西也不会掉进去。皮肤的屏障功能与此类似，盖子起到的就是屏障功能的作用，防止水分过快蒸发和外界的破坏。

4.

培训讲课完以后，我又遇到了一个难题，那就是该如何检验学员是否掌握知识，是否能够恰当地阐述给顾客？在一次次练习中，我发现最实用的方法就是在专业理论考试时，找一个没有学习过这个知识点的听众，通过学员的讲述，听众能听得懂并对项目有基本的印象，这就表明学员初步掌握了项目的内容，考试通过。

5.

实际培训中还会遇到这样的问题：在学习新手法的时候，员工掌握不了但又不知道哪里有问题。在不断地培训练习中，我发现解决这个问题的最好方法是：正确的和错误的示范都要演示，最好能在员工的身上演示，才能让其切身体会到手法的差距。比如，一个新员工学习了颈部的按摩手法，动作做到位，舒适度不好，她自己觉得跟我示范的动作都一样，感觉自己做得挺好的。这个时候，我让她躺下来，用她的手法在她身上做一遍，再用正确的手法做一遍，让她体会两种手法的不同，再纠正她的动作。这样才能帮助她学习更快，掌握得更好。

二、如何高效地做好门店的行政工作

1.

我是来自购物公园会所的行政主管黄林，来到百丽雅已有三年的时间，任职行政主管一年的时间。百丽雅这个平台让我快速地成长，我也越来越具有系统化的行政思维。

2.

关于“如何给员工对接好某件事”，我总结了一个小技巧，那就是：凡事来四遍，先教一遍，我做一遍，指导对方做一遍，最后再看着对方做一遍。我首先教的不是怎么操作，而是先给她讲一遍这个系统是什么，让她理解了再去做而不是在一知半解的情况下去操作。一开始就用“凡事来四遍”的方法培养前台人员理解数据区别的思维，后面就可以避免很多前台做错账的问题，在前台数据这方面就可以放心很多了。

3.

在工作一线可能会时不时遇到突发事件，每次处理完我都会做好总结。当遇到自己不会的或者陌生的情况时，我的做法是：先研究为什么会出现这种情况，我能不能解决？比如，有一次前台人员和我说会所电话打不通了，音乐放不了。我当时也不知道是什么原因导致的，就想自己先研究一下。我先去看电话线是否松动了，没有发现问题；我再去机房查看，试着按标示按了几个按钮，音乐放不出来的问题就解决了；又试着调了另外一个按钮，电话也能打通了。以后再发生这种事情我就可以依据经验立即处理，节约了时间。

4.

在行政工作中，我发现信息备份是非常重要的。所以，我从来不删除微信上的任何消息，随时保存我认为有用的信息，当我遇到问题或者别人需要文件时，我可以通过关键词找到对应的信息，这样就能形成自己的应对锦囊。

5.

我们会所成本输出最大的项目是餐吧和鲜花。采购鲜花时，要注意花期、花的运输时长、运输方式等。网络发达的今天，灵活运用网购软件可以给会所节约成本的同时保障鲜花的品质。

6.

在进行行政处罚时，最重要的是流程正义，在做到一提醒二警告三处罚的基础上，再进行私下确认。这样既能够体现出人情味，又能做到流程上的公正，也能对超范围的事情进行调节。比如，我们每个月的月初要做考勤，有些员工会有多次忘记打卡、莫名早退、上班迟到等记录。我会把这些统计下发到群里让员工核对，对于莫名早退的员工我会发消息问她原因再告诉她解决方法。这样，员工对处罚的内容既清晰又能认同处罚结果。

三、如何陪顾客聊天

1.

我是蛇口会所三养顾问陈露雪。如何服务好爱聊天的顾客？细心尊崇的服务不能少，当然还要有“我不要我觉得，我只要您觉得”的态度。

2.

与顾客聊天时，我会找些顾客喜爱的话题。比如，可以从我和顾客刚好都在追的一部电视剧为起点，与顾客愉快地聊天。

3.

在我还是美容师的时候，顾客来到之后，我会根据与顾客上次的聊天，给顾客一些反馈。要注意，把房间氛围调动起来的同时，也需要适时地递上一杯养生茶，并对顾客说，“× 姐，聊了这么久，您该口渴了，喝口水润润喉，我们再继续聊”。

4.

其实，聊天只是服务中的一个小环节，最重要的还是扎实的专业手法和周到舒适的服务。我会在与顾客聊天的同时，感知她喜欢的空调温度，每次她来之前都把空调提前调好温度，泡澡的水温也是一样的。顾客虽然不说，但她都看在眼里，记在心里。

四、如何让顾客享受到专属附加值体验

1.

我是来自鸿瑞会所的优秀三养顾问丁立霞，从 2014 年进入美业到 2022 年已经有 8 个年头了。我在百丽雅担任三养顾问已经有三年时间了。除了为

顾客提供专业服务，我发现更重要的是与顾客同频，做顾客的倾听者，服务好顾客的情绪，才能真正走进顾客心里。

2.

如果说这世上有一种职业，全年无休，每天 24 小时待命，没有年终奖，没有工资，随时面临着各种风险，那一定是全职家庭主妇了。我有一个顾客平时在家带孩子，把家人照顾得无微不至，却常常忽略了自己。来到这儿我们给予她充分的身份认同，并虚心跟她请教：是如何把孩子教育得那么优秀，那么有礼貌？顾客很乐意跟我们分享她的一些经验，我们让她感受到她对家庭和社会的付出得到了认同和肯定。我们也告诉顾客：在照顾家人的同时，也要多爱自己一点，因为幸福的女人拥有爱与被爱的能力。

3.

百丽雅一直以来的文化就是家的文化，顾客到店时我们的欢迎语是“百丽雅欢迎您回家”，离店时的欢送语是“百丽雅欢迎您再次回家”。我们就是要做到像关心家人一样关心顾客，百丽雅就是值得每位顾客信赖的地方。

4.

我有一个顾客喜欢吃酸甜的水果，所以我给她准备了葡萄，并亲手为其剥皮。有需要补充营养的顾客，早上来做项目的时候，我提前买新鲜的排骨，为她煲好汤；知道她在健身，就特意做了牛油果牛奶汁，虽然口感不够细腻，有些小失误但是顾客还是很开心，因为顾客能感受到我的用心。

5.

有一次我跟顾客聊天，聊到了维护亲密关系的方法。了解到她结婚已经 30 多年了，夫妻关系还是非常甜蜜，秘诀就是两个人偶尔会给彼此一些惊喜，来作为爱情的保鲜剂。所以，在这位顾客生日来临之际，我精心挑选了一套睡衣送给了她。顾客很惊喜，对我的信任感就这样一点一滴建立起来。在一次 PK 活动中，虽然她的项目已经饱和了，但她还是又买了一单，并对我说：“我买这个是为了你的服务。”听到这句话我非常感动，顾客最高的认可就是“愿意为你买单”。

6.

每个人感知爱的方式可能不同，但表达爱的方式都是类似的。是深入的沟通，或是眼神的互动，或是同频的陪伴，或者用心的礼物，或是肢体的接触。无论哪种，都是我们对顾客表达爱的方式。

五、如何调动氛围让顾客更自在

1.

我是来自海岸城会所的三养美容师智鑫。我在服务顾客的过程中，从顾客身上学到了很多，也收获了很多。

2.

我之前有位顾客，她到店的次数还是比较多的。在没有为她服务之前经常见到她跟她的妹妹一起过来，妹妹的装扮偏中性，我之前还一直以为是个男孩子。在为她们服务的时候发现是女生，我就说了一句“还以为长这么帅的是男孩子，没想到女孩也可以这样帅”。她俩听了就很开心。

她们泡澡的时候比较害羞，我就调侃地说：“你们有的我也有，有什么害羞的。”这句话让顾客彻底放弃了拘谨，很自然地开始跟我聊天。当我了解到顾客例假期会痛，就立马下单买了艾灸炉跟艾炷，顾客第二次来时就送给她，顾客特别感动，觉得我特别贴心。后来她工作有调动离这边很远，但她坚持来这边找我做项目，顾客的认可让我感到很幸福。

3.

我的另一位顾客，她是一个精英女性，事业有成。我知道她来到这里就是希望能够好好放松一下身心，以便更好地回到生活中披荆斩棘。生活、工作中顾客可能会遇到一些不尽如人意的事情，我很荣幸能够成为顾客倾诉“小树洞”，她们愿意将难以跟亲人、朋友、同事启齿的事情向我倾诉，说明了她们对我的信任。陪伴和守护小秘密，是我的职业道德。这种陪伴也是我们三养文化中的养心文化——美得安心。

六、如何服务好完美主义者

1.

我是蛇口会所的经理刘晓玲，加入百丽雅九年多的时间里，我从一名基层的技术导师成长为今天的经理。我曾连续三年获得百丽雅最高荣誉——三养专家称号，并在 2019 年的技能大赛中获得冠军。我在服务百丽雅的高净值女性顾客的过程中发现，越是经得住考验的高要求到最后满意度越高。

2.

百丽雅提供的服务是个性化的，但是技术和品质是标准化的。有一位黄姓顾客，她对我们的要求很高，每次过来做护理都要先来个前奏——洗澡洗头、刷牙、泡澡，然后才开始做护理。对此，我邀请专属导师提前准备好牙刷、风筒、放好水温 43℃的藏药浴水，把房间的温度调到 26℃，她每次过来都很安心，虽然离得远也坚持每周来做护理。

3.

在服务开始之前我会先与顾客做好沟通，告知她今天为其安排项目的操作时间、注意事项、皮肤或身体可能会出现的一些反应以及扣卡的详情等。有一次在服务顾客时，我想让顾客得到更好的护理效果，就建议她面部和眼部护理一起做，结果护理时间少用了 15 分钟。这就很容易让顾客产生偷工减料的疑问，所以美容师在护理前一定要与顾客沟通好。

4.

我相信没有一个人会拒绝对自己真诚和用心的人。如果有，那也只是时间的问题。我有一位粉丝顾客多肉小姐，在我为她服务的八年时间里，我没有用任何销售技巧和话术，只是真诚并用心地为她提供专业建议。有一天，我发现她把我俩聊天记录的截图发了一条200多字的朋友圈，我很感动。百丽雅的无微不至，期待顾客的如期而至。

七、如何与顾客同频交流

1.

我是来自购物公园会所的三养美容师林启格。我觉得服务行业的工作人员，要学会根据顾客调整相处模式，所以我一直努力想要做到让顾客从进门那刻起，就感受到愉悦与放松。

2.

我曾经服务过一位顾客，她从进门起就勒紧了口罩，并第一时间拿起台面上的酒精消毒。讲究是我对她的第一印象。因此，在服务这位顾客时，我努力体现出自己的严谨和专业性：我主动告知她我今日的体温；我当着她的面消毒双手，拆开单独包装的、消毒过的毛巾，为其介绍一客一消毒的床单和拖鞋，并告知房间的消毒流程。

我提供服务的整个过程都是令她放松的。在清黑头的时候她对我们的手法有自己的看法，因为其他机构都是用粉刺针清，而我们是用手挤。我没有反驳她，而是跟她说：我之前在医院的时候，各类器械的消毒流程都是非常严谨烦琐的，首先要送到供应室去煮沸消毒，然后再用高压蒸汽灭菌法灭菌，化学指示卡变色后才发配到各个科室使用。清黑头是一种侵入性的操作，如果消毒工具达不到无菌状态就极易引起感染。我们采用的是传统手清，带上无菌手套，更卫生、更安全。

3.

我有一个老顾客，她从团购的脊柱养护开始，到现在的脉络逆时空项目，我们的关系从导师与顾客，到朋友与另一个自己。我经常听她讲自己的经历，那是一些很励志的故事。她是 90 后，是个目标感很强的人，也是旁人看来不合群的人。当别人在喝奶茶自拍的时候，她在图书馆看书，当舍友还在睡觉的时候她早早起床做兼职。我想我们之所以能聊得那么投机，是因为我们身上都有类似不合群的影子，还有我们喜欢看一样的电影和书籍。后来，她经常询问我一些事情，经常对我讲的一句话就是：如果是你，你会怎么做？其实人与人之间就是这样，投缘的两个人会从对方身上看到另一个自己。对于我而言，她不仅仅是我的顾客，更是具有独特魅力的好朋友。

八、如何与顾客进行一次愉快的沟通

1.

我是来自禧悦医美的咨询师嘉靖。我来到公司已经三年了，在这里我学到了很多知识也成长了很多，非常感恩公司及领导对我的栽培和信任。我们是在深圳经营了 30 年的品牌，从入职到现在，我们用心用爱去对待每一位顾客，陪伴她们从青春年少到为人妻母，真真切切把最高品质的项目呈现给她们，让美和健康延续下去是我们的使命。所以从我选择百丽雅那一天起，我想的就不再是如何把某个项目、某个产品推出去，而是学习如何用专业去征服顾客，如何用服务去打动顾客，如何用高品质留住顾客。

2.

在服务顾客前，我会提前与会所沟通，了解顾客的需求点，为顾客减少重复沟通的时间。这样做提高效率的同时，可以更精准地投入更多精力在顾客的真实需求上。

3.

近几年医美市场几乎透明化，仪器的原理、产品的搭配、项目的成本等信息唾手可得，很多顾客通过网络自学成才成了半专业人士。在这种环境下顾客内心会有很多选择，也会有很多顾虑。了解到顾客的难处和顾虑之后，我会为顾客做出分析，让顾客了解到什么项目才是对她真正有帮助且安全有效的，帮她规避不必要的风险。

4.

很多人都听过一句话：百丽雅好但贵。高品质不廉价，是百丽雅的特质。百丽雅对自己选择的任何一个项目都有极高的要求和品控。也正因如此，我们才能做到让每位顾客“美得安心”。

5.

除了让顾客真切地感受到我们的专业性、项目的高品质之外，我发现与顾客沟通，本身就是一件轻松和愉快的事情。因为每一次的沟通，都是我在帮助顾客“成为更好的自己”。

九、如何从技术成功转岗为咨询师

1.

我是禧悦医美的咨询师宋欣怡，在公司工作的四年多时间里，我从一名专业的激光操作师成长为优秀的咨询师。我想在这里跟大家分享一下我的成长经历，希望对伙伴们未来的职业生涯规划有所帮助。

2.

来百丽雅之前，我在一家公立医院整形科做皮肤治疗师，那时的我没有什么服务观念，顾客都是自己洗脸，我只负责操作治疗部分。2016 年我很荣幸地加入了禧悦医美做皮肤治疗师，那时我才知道顾客需要的不仅仅是专业，我们可以通过将服务做到极致，让顾客更加信任与依赖我们。其间叶总给过我转岗咨询师的机会，但是我当时只做了一天的咨询师，第二天就重新穿上白大褂回到医疗岗位。因为我当时内心的落差实在太大了，接受不了自己从一个受人尊敬的专业医生转变成一个需要为顾客端茶倒水拎包的服务人员。2018 年，我被调到心悦做皮肤治疗师，兼任咨询接待、操作治疗和售后跟进服务人员。

3.

2021 年年底我又因工作需要调回禧悦。我此时是一名全职咨询师。我此时与第一次转岗时的心态已经完全不同了，我带着热爱专业、拥抱顾客的心态重新出发。在工作过程中，与顾客之间发生的一些小插曲，让我更加坚信：走心的服务可以更快地和顾客拉近距离，能让我更深入地了解她、关心她，这就是爱的出发点。我们在让顾客外在变美的同时，用发自内心的爱和走心的服务让顾客的身心更加愉悦。这才符合百丽雅的初衷：为人类的美丽健康、幸福喜悦保驾护航。

4.

有一位顾客深夜十二点半给我打电话，说自己没听医嘱就下水游泳了，现在有不适的症状。但她当时在偏远的度假酒店，根本没法就医。虽然当时已经是深夜十二点半，我也没有把握能不能买到药，但我仍然马上从床上爬起来，出门跑了好几家药店才买到药，然后找骑手送过去，即刻解决她的问题，这位平时特别理性的顾客被我感动了，通过这件事情我们的感情更亲密了。没过多久她又做了几十万元的荷尔蒙治疗项目，对效果非常满意。这让我明白了一件事，那就是：唯一得到顾客认可的方法就是雪中送炭，第一时间为她解决问题。

5.

还有一位顾客，我通过一次次细心的服务和真诚分享，拉近了与她的距离。我的专业引导沟通让她明白了一个女人的生殖健康非常重要，然后她就自然而然地做了荷尔蒙项目。回访时，她特别感谢我给她分享了这么好的项目，真正地帮助了她，她觉得自己的精力、体力、睡眠都变好了，解决了困扰她多年的更年期综合征症状，胸部也像在二次发育，终于又找回少女时期的感觉了。听到顾客的反馈我特别开心，特别有成就感。

6.

作为一名医疗咨询师，我认为除了为顾客解决专业问题外，还要满足她们的心理需求。专业是帮助顾客平安渡河，服务是陪顾客安心上岸，二者缺一不可。我现在很喜欢咨询师这个岗位，渡人也是渡自己，帮助顾客的同时自己收获更多。我想我工作的价值就是，在我们用心服务顾客时与客户同得的那一份快乐。

十、如何给予顾客“恋爱”般的陪伴

1.

我是来自禧悦医美的咨询师小钰，很多伙伴都知道我是从行政转岗过来的。做行政的人常常被定义为行为行政模式，刚好这也是我一直在调整的工作内容。所以我想跟大家分享一下，关于“怎样从理性的行政模式转换为感性的走心服务模式”的心得。

2.

我每次接待顾客之前，都会把顾客当作自己的恋人，想象如何去追求她、照顾她、呵护她。每次服务好一个顾客，对于我而言，都是一次恋爱练习。

3.

我会在节日、顾客生日时为其送上祝福，在顾客例假期间送上关心。有些顾客由于天气不好而引起并发症或身体不适，我及时给她们发去关心和问候。平时，我常在顾客微信的朋友圈里留言，刷刷自己的存在感。

4.

我会偶尔准备些小惊喜，女孩子都喜欢浪漫，喜欢风花雪月、鲜花、巧克力，等等，顾客也是如此。其实顾客的期望就是得到心理的满足，希望得到意想不到的惊喜。此外，有好事的时候我总惦记着我的顾客。比如，店庆活动有到店赠送，我就会第一时间提醒顾客。我的顾客对我说：每次有赠送、优惠活动就会想到我，你心里只想着我，是从我的利益出发的。每次听到顾客这样说，我都觉得特别开心和满足。

5.

我们操作私密细胞项目时顾客有些胀痛感，但都是在能接受的正常范围内。我有个顾客特别容易紧张、特别怕痛，所以在操作私密细胞的过程中一直放松不下来。为了让她放松些，我就让她抓住我的手给她心理安慰，她觉得不够就抓到了我的肩膀上，结果把我的肩膀抓瘀青了一大块。后来叶总特意把我被她抓瘀青的地方拍下来发给她调侃她“力大如牛”，顾客非常感动，却因此依赖上了我的肩膀，每次做项目时都要寻找“小钰坚强的肩膀”。

为了让她分散注意力，每次我都会去楼下买她最爱吃的棒棒糖。之后她每次操作项目紧张、害怕时，都会找我要棒棒糖和我瘦弱的肩膀。后来有一次她说要来禧悦，让我准备好棒棒糖等她。我当时很纳闷还没有到她做护理的时间呀，怎么突然要过来。后来才知道，她开车一二十公里来禧悦，只是因为那天她心情不好，突然很想念我平时为她准备的棒棒糖。那天我们聊了会儿天，她还特别嘱咐我说：“我的糖不可以给别人吃哦。”那个时候我才意识到，原来在她心里，我已经变成了她生命中特殊的那个存在。

6.

恋爱能否修成正果的重要因素就是责任感。前段时间，我接待了一个顾客做私密治疗，这位顾客在私密处有一个小伤口，上完药在照光时为了能更好地照到创面加速愈合，我们就用两根棉签把肉撑开，让创面暴露出来。这其实是一个很小的举动，但当时一下就打动了顾客，击中了顾客的内心。她感叹道：“你们真的很细心很负责，没有像例行公事一般做完，而是真的对我本人和治疗效果负责，想让我的伤口尽快恢复，这是我在别的医院感受不到的。”其实有的时候就是这样，顾客知道我们的起心动念是全然对她好，是对她负责任，她就会更愿意信任我们的专业和服务。

7.

这就是我的恋爱心法。想要谈好一场恋爱，就要好好去维护日常点滴，让每一个细节都充满仪式感，让我的身影在她的生命中无处不在。

十一、如何与顾客达成美的共识

1.

我是心悦医美咨询师妙娜，在工作中我经常遇到我认为的美和顾客认为的美不一样的情况。顾客想要的美有时是无法具体述说的，比如她会拿别人的一张照片来跟我说：我就要这样的。有的顾客可能会比较执着地认为她说的那样才是美的，我们则是站在专业的角度去分析的，这中间的分歧就是我需要去化解的地方。

2.

比如说脸部项目需要从全局到局部，先看脸的整体轮廓。为什么先从整体轮廓开始？让面部变美的过程，就好比一个建房子的过程，轮廓就是地基，只有把地基搭建好了，再进行按需分配的精装修，才不会显得突兀。因此，微整的第一要素，就是对脸型的打造。脸部外轮廓的额头、太阳穴、颊凹的问题，可以通过自体脂肪填充或者玻尿酸填充等方式，增加脸部甜美感、饱满度。如果想要拥有年轻化的面部，就需要打造一个从正面看上去完美的椭圆形面庞。

3.

皮肤管理的效果就是毛坯房做了墙面装饰，达到素颜美肌。有个顾客一开始皮肤长痘、敏感，我用皮肤检测仪给她做了专业分析，最后建议她做焕彩嫩肤搭配婴儿针项目，以便达到修复、消炎的效果。那位顾客当时做了单次体验，一个月后就再次到店想要做婴儿针，并爽快地购买了超音刀和婴儿针套餐。

4.

在轮廓和皮肤变好了之后，我们才会建议顾客考虑局部的调整，例如牙齿。有位 64 岁的阿姨，偏头痛有一年多的时间，去医院也查不出原因，而且牙龈长期出血。我们先是对其讲述了牙齿健康的重要性，并建议她体验一整套 DSD 美学修复流程——口扫、影棚拍摄，四种发音，四种微笑，还有不同的角度拍摄。她觉得我们很专业。后来，她找潘总诊治的时候，一开始只想解决健康问题，她口内有烤瓷牙刺激到牙龈红肿萎缩，金属牙容易积累污垢，牙龈发黑。之前其他口腔医院无法帮她取出旧的牙齿，当她听到我们可以做到，而且我们的分析很专业，她便决定做治疗。治疗很成功，她在变美的同时牙齿也更加健康。 她跟身边的人分享她做牙的收获：牙龈原本严重萎缩，导致上唇干瘪，做完牙齿慢慢恢复到年轻时的状态，牙齿形态的改变使唇有了支撑，上唇变得饱满了，也不再偏头痛。她翩翩起舞的样子让人心动，后来，她拍了自己跳舞的视频发给我们，我看到了另一个她，一个对生活充满热情，散发着独特魅力的她。

5.

心悦医美从心出发，用结果回馈每一个信任我们的顾客。我们用专业知识引导顾客，与顾客取得审美共识，让顾客放心、安心，与顾客一起走向美丽与健康。

十二、如何自发学习，拓展专业能力

1.

我是心悦医美的咨询师刘倩。2013 年大学实习时，我选择了追逐梦想的城市——深圳，我满怀激情与热血踏入百丽雅。用了 7 年时间我从美容师成长为咨询师。对于美容师来说，让顾客认可自己的技术很重要，借助娴熟的手法让顾客感受到自己的用心，不断加深顾客对自己的印象。咨询师要管理顾客，设计私人定制方案和顾客从皮肤到身形的打造方案，处理顾客的术后事宜，为顾客的效果负责，让顾客认可企业、敬畏专业。随着工作岗位的转变，我也从技术上服务顾客的角色转变为帮助顾客全方位设计方案的角色。

2.

美容师和咨询师提供的服务存在本质的差别。顾客躺在美容床上，美容师一边为其按摩一边可以天马行空地与顾客聊各种八卦。但咨询师需要把好的项目推荐给顾客，借助优秀案例让顾客更直观地了解项目。

3.

为了更好地树立自己的专业形象，我通过网络信息、专业书籍以及与顾客沟通等方式，不断提高自己的专业能力，以获得顾客的信赖和认可。我曾接待过一位新顾客，她脸上容易出油，长年长痘留下很多色素印，之前去过多家机构用过很多办法都治疗无果，希望能在我们这儿解决皮肤长痘问题。我们当时给她做完皮肤检测后，根据她的皮肤情况和专业知识，建议她做焕彩嫩肤和保湿水光。焕彩嫩肤主要就是抗炎消炎，针对痘痘炎症的治疗。配合保湿水光是帮助顾客补充皮肤底层缺乏的水分，促进色素和痘印加速代谢。我们给她分享了以往的成功案例，她当下就开心地买单了。操作两次后，顾客反馈痘痘炎症控制住了，皮肤状态也平稳不出油了。

经过半年时间的治疗，顾客对脸上的痘痘肌治疗效果很满意，还介绍了很多朋友给我们。顾客对治疗效果的认可就是对我们专业的认可，这促使我们不断把好的项目分享给身边的人，让自己成为医美推广者。这也让我深刻认识到，我需要紧跟时代步伐不断地学习新项目和专业知识，充实自己，为顾客服务。其实，不管是美容师还是咨询师，提升对自己的要求，不断完善自己、改变自己就能成为最好的自己。

第五章　信息系统

信息系统

一、如何给顾客带来完美的项目匹配

1.

在百丽雅，不会出现“只推荐贵的，不推荐对的”的情况。我们的员工不会因不同项目的价格高而去推荐，而是推荐最适合顾客的项目。百丽雅有良好的信息系统，通过数据分配让各个单位融为一个大团体，虽然职能细分不同，但收益互惠双赢。在这种机制下，全体伙伴的目标是一致的，即“与顾客建立长期的信任与陪伴关系”，这就确保了顾客享受到的永远是“专属”的最优方案。

2.

最优方案，对于我们而言就是最适合顾客的方案，能够让顾客在效果最好、风险最低的情况下，变美、变健康。为顾客提供最适合 TA 的方案的前提就是，要有足够多的方案以及实现组合搭配的信息系统。

3.

在方案的多样性方面，我们在 30 年的沉淀和筛选之后，目前有细分全身各部位的上万套项目，包括生美对皮肤健康的养护以及医美极具针对性的专业打造。

4.

在信息整合系统方面，我们为顾客真正实现了“量身打造”式的项目搭配。为什么这样讲呢？虽然生美、医美机构的系统是相互独立的，但同一个顾客只产生一份档案，覆盖生美、医美两套信息，避免手工账产生两本档案。生美、医美门店业绩由系统分成结算，各门店业绩由店家自定义分配。

5.

顾客信息原则上互通，实则单店独立。在没发生消费时，门店之间的顾客都不是互通的，避免恶意争抢。但允许顾客跨店消费，各门店可以查询到其他门店该顾客的未耗存量，完成跨店销售消耗。

6.

员工不归属任何一家门店，她们归属公司，但是有一家主门店。顾客跨店消费医美时，可以记录生美顾问销售，结算生美员工业绩。跨店员工各店产生的业绩会系统统筹结算，不必各门店逐一核对。员工所得业绩与门店业绩无关。

二、美业如何升级服务体验地图

1.

顾客从被邀约到回访都有记录，下次服务可以借助信息系统参考记录，让顾客体验逐步提升，提高顾客黏性，让顾客感受到我们全方位的服务。

2.

从跟进日志，顾问记录并邀约客户；到预约，顾客自主预约或由门店帮忙预约，方便门店及时查看，提前准备；再到销售消耗开单，顾客进店接受服务。在日常的服务日志中，顾客的意见被记录下来，服务细节也被记录下来以便优化下一次的服务。在回访环节，系统可根据项目自动产生待回访计划，由员工完成回访任务，维护客情。

3.

百丽雅 iBeauty 系统功能的基本操作流程见下表。

序号	流程 / 超链接	描述
1	权限管理	1. 设置角色权限管理 T 添加角色 T 保存 2. 设置用户权限管理 T 设置角色分配权限范围、登录权限等

续表

序号	流程 / 超链接	描述
2	基础资料	付款方式、项目部位、项目方式、会员类型、新客来源、顾客升级配置、品牌管理、业绩分类等，若有新信息添加保存即可
3	商品信息管理	1. 产品信息，可编辑产品售卖单价、销售范围等信息 2. 生美项目添加及基本设置 3. 综合卡卡项添加及基本设置 4. 时效卡基本设置 5. 仪器卡基本设置 6. 套餐卡新增及基本设置
4	折扣管理	1. 会员产品最低折扣——添加等级会员购买产品时享受的最低折扣 2. 商品价格调整——添加部分门店特殊的产品、项目售卖价格
5	佣金提成管理	配置产品、非产品的销售、消耗佣金 添加——填写——保存即可
6	新增顾客	1. 顾客管理——顾客资料详情——新客登记 2. 开单管理——开单顾客查找——添加会员
7	销售	开单管理——开单顾客查找——搜索顾客姓名、电话、或卡号点放大镜搜索，或添加会员，会员名出现点击详情查看会员全部信息——开单——销售选择出售的产品项目综合卡套餐卡等——结账——添加经手人提交
8	消耗	1. 开单管理——开单顾客查找搜索顾客，点击详情查看会员全部信息 T 开单——右上角点消耗——选消耗的产品、项目——经手人——结账
9	销售、消耗订单修改管理	1. 销售订单修改管理（申请——审批）：可修改销售订单的时间、经手人、支付方式 2. 消耗订单修改管理（申请——审批）：可修改消耗订单的时间、经手人
10	退单、退款	1. 退单（申请——审批）：①退消耗，余量退回；②退销售，退产品、项目、储值卡、套餐卡的对应金额至顾客账上余额（账上余额可通过申请增加或减少） 2. 退款（申请——审批）
11	转卡、转账	1. 会员转账 2. 会员转门店（需申请、审批）
12	项目延期、审批	项目延期申请与审批——综合卡延期申请列表——添加——选择会员（设置延期保存即可，疗程延期同理）

续表

序号	流程 / 超链接	描述
13	赠送	1. 赠送储值卡（申请——审批） 2. 赠送项目（申请——审批）
14	预约排班	1. 预约排班管理——客服部预约表——设置班次、排班保存 2. 预约表可以填写顾客的预约，查看美容师的排单

三、如何打通前台、中台、后台

1.

为了能够从不同维度快速地给顾客打标签，简化一线同事的工作流程，系统里的顾客管理模块中设有专门的打标签功能。美容师可以在服务过程中通过与顾客的交流了解到各种信息，再借助自定义标签的功能来对顾客进行分类管理，也可以通过护理日志跟进顾客的需求以及爱好，方便接班的美容师对同一位顾客的工作快速上手，省去了重复问询的时间。

2.

前台的工作人员可以通过 PC、iPad、手机多端口录入数据，实现前台顾客和经营数据导入；线上商城可以实现在线分享和推送，实现多途径销售；顾客档案及跟进日志记录顾客信息，便于查找及维护；员工可通过手机端实时查看自己的当日及当月业绩，让员工明确目标，更有动力去完成当月业绩；服务日志、跟进日志可实现多端口查看，方便快速了解新分配的顾客信息，以便接手的美容师更好地服务顾客，更有利于管理者实时了解门店的经营及服务情况。

3.

在中台，数据存储后直接转化成可视化报表，尤其是自定义报表功能，可多维度地呈现数据，以帮助决策者制订运营计划；智能 POS、银行流水实现逐单对应，减少财务人员大量的对账时间，提升工作效率；门店审批无纸化、可追溯化，做到每笔退单都有依据，让管理层一目了然；大部分薪资、手工费等实现系统自动化结算，不仅减少了财务人员的工作量，更能准确地呈现员工提成绩效；库存成本实现系统月结，成本查看，无须手工核算。

4.

在后台，采用权限配置，门店与门店间顾客不能互看，但数据库权限可以查看；员工只能看到分配自己的顾客的信息，杜绝争抢顾客的情况；数据库统一，顾客可以实现跨店消费，财务人员可进行跨店结算，账目更精准，服务更到位。

实用 VI 规范手册

一、品牌符号及标识字体

核心标识及标识释义、安全距离规范、LOGO 组合结构、核心标识特殊用法规范、标识墨稿（单色稿 + 反白稿）。

二、品牌标准色规范

标准色规范、辅助色规范。

三、品牌专用字体规范

标识错误应用举例、使用场景、线上推广、线下视觉场景、禁用范围示例、画面角标定位、视频结尾标志。

品牌符号及标识字体

品牌符号及标识字体是百丽雅集团整体形象的核心，在对内、对外的各种应用中，其以主要组合形式出现。

一、文化释义

百丽雅第一个 10 年，提倡通过养颜、养身、养心给顾客带来美丽、健康、快乐；百丽雅第二个 10 年，在美业的 U 形期弹跳定位为身心灵健康产业；百丽雅第三个 10 年，在人类回到生命源头的阶段定位是完善人类生命、完整灵性、抗衰老的幸福社区，为人们的美丽健康、幸福喜悦保驾护航。

以此理念为品牌背景，百丽雅将之前的三养美容——养颜、养身、养心的 LOGO 做了理念与应用上的升级，把外放的情愫收拢为一句话——在百丽雅·美得安心。将之前种种灿烂而丰富的思想理念，转化为“安心服务，乐享安心品质”。

专业统一的姿态、品牌化经营、安心化服务，向消费者清晰地传达出我们的核心业务与品质价值。

二、图标释义

蝴蝶被誉为“会飞的花朵”，蝴蝶之美，是充盈灵性之美的开始，也是女性开启追求美好生活的彰显。百丽雅用 30 年的时间打造了一个涵盖生活美容、医疗美容、健康管理、生物科技及教育事业的集团公司，为鹏城精英女性提供美与健康的高端解决方案，让顾客从外在形象到内在成长，全方位地安心美。

三、标志预留空间与最小比例限定

为了保证标志的识别性，其周边必须保留最小的预留空间，不可侵犯区域内，禁止出现任何文字、图案等设计元素，以确保标志在应用中能够清晰、高效地传播以及展示。

以蝴蝶图标配套文字为一个基本计量单位，即下图中的 a 部分，是标志与其他内容有效区隔的安全距离。在使用时，要确保标志四周的保护空间区域内背景干净，与标志的区分度足够高。

同时，为避免标志在使用过程中产生模糊不清的效果，特规定了其最小使用尺寸范围。

四、标志与标语的组合规范

标志标准组合规范是百丽雅品牌整体形象的核心，在对内、对外的各种应用中，其以主要组合形式出现。

五、标语与蝴蝶图标组合

蝴蝶图标与标语的组合不是核心品牌识别符号，仅在百丽雅相关品牌营销物料、活动造势、线上相关活动中配合LOGO使用，不可单独用于对外的宣传。

版一

核心形象主要运用

百丽雅
在百丽雅 美得安心

百丽雅
始于·一九九二

特殊情况辅助运用1

百丽雅
始于·一九九二

特殊情况辅助运用2

版二

核心形象主要运用

百丽雅
在百丽雅 美得安心

百丽雅
始于·一九九二

特殊情况辅助运用1

百丽雅
始于·一九九二

特殊情况辅助运用2

六、核心标志特殊用法规范

标志图标特殊组合规范是百丽雅品牌整体形象的核心，在对内、对外的各种应用中，其以辅助组合形式出现。一般应用于品牌装饰性需求区域，如室内陈列软装的设计场景中。目前，蝴蝶图标 +LOGO 的组合应用场景出现在百丽雅生活美容的金属门把、玻璃防撞条等装饰性区域。

1. 单色稿释义

标志的单色稿是在色彩受限制等情况下，标志在黑底和白底上的使用规范。

2. 使用场景释义

单色稿仅用于以下两个场景。

（1）实体印刷制作时，由于特殊工艺无法实现色彩时。

（2）黑白屏幕上应用或由于条件限制，只能显示为黑白效果的场景。

品牌标准色规范

一、品牌标准色

企业标准色是为了增强企业的可识别性而指定的专用色彩，不可随意以其他颜色代替，以达到形象统一，特别指定此标准色为企业主要应用色调。

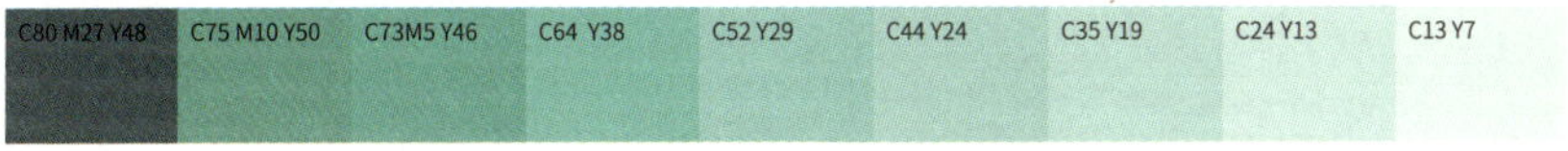

二、品牌辅助色

品牌辅助色是为了增强企业形象的多种表现性。在实际应用中要严格按照色彩使用规范使用，不可以随意以其他颜色代替，从而达到形象统一。

品牌专用字体规范

一、百丽雅字体规范

指定印刷字体主要用于企业文献的正文及物料用品，以求与标志、中英文标志字体间的协调组合，增强其象征功能的可能性、再现性和识别性，提高对视觉的冲击力。一定要注意的是，在品牌宣传的视觉物料中，禁止使用未经授权的非商用字体，如有必要须争取其字体版权的商用使用授权。

优设标题黑

百丽雅身心健康产业集团
ABCDEFGHIJKLMN ,0123456789

思源宋体

百丽雅身心健康产业集团
ABCDEFGHIJKLMN ,0123456789

思源黑体

百丽雅身心健康产业集团
ABCDEFGHIJKLMN ,0123456789

阿里巴巴普惠体2.0

百丽雅身心健康产业集团
ABCDEFGHIJKLMN ,0123456789

优设好身体

百丽雅身心健康产业集团
ABCDEFGHIJKLMN ,0123456789

方正楷体

百丽雅身心健康产业集团

二、标识错误应用举例

为求统一标准及保持一致的品牌形象，在使用时必须严谨处理，并遵从正确的应用规则，避免传达错误的信息，对品牌形象产生不良影响。

禁止随意拉伸标识图形

禁止随意更改标识组合

禁止用其他字体取代标准字体

禁止不按色彩使用规范使用标识

禁止在深色底上使用浅色底上的标识

禁止增加边框或者投影

禁止随意使用渐变颜色填充标识

禁止在复杂的底色上使用标识

第六章　异业联盟

一、如何帮会员筛选出精致生活

1.

异业合作的前提是：合作能够为顾客带来什么？我们以为顾客带来更美好精致的生活为出发点，为顾客连接到各种福利与体验。顾客在百丽雅养颜养身的同时，在生活中也能大放异彩，精致洒脱。

2.

在艺术修养板块，我们会赞助一些艺术活动，让会员在这里放松身心之后，还可以从艺术展中享受到精神上的充盈愉悦。比如，百丽雅联合举办了“米开朗琪罗全球巡展”的深圳专场，在深圳就可以近距离欣赏到创世巨作。

3.

在美商板块，为顾客提供最专业的美业答疑，享受现场最优质的项目体验，增加顾客黏性。比如：百丽雅与中信银行携手打造的“欢乐闺蜜下午茶沙龙讲座”——探索有效护肤的奥秘之旅；百丽雅与江苏银行携手打造的“东方禅绣沙龙讲座”——禅妆美学艺术节；等等。

4.

在健康生活板块，举办健康公益沙龙，顾客回访满意度很高。比如，百丽雅与招商银行在 3 月 8 日合作推出“女人花开——健康相约”三八国际妇女节健康公益沙龙。

5.

在亲子教育板块，我们举办家庭亲子教育沙龙，推出“我想要陪你一起长大，我的宝贝”和谐家庭亲子教育沙龙，等等。让会员享受自我的同时，也能分担家庭教育的烦恼。

6.

在休闲娱乐板块，我们希望每一位顾客美丽健康，也希望能把快乐带给大家。因此，百丽雅与火爆全国的开心麻花深圳剧场牵手达成品牌合作计划。百丽雅成为开心麻花艺人的专属容颜管理机构，开心麻花带给大家快乐，百丽雅带给大家美丽、健康。

二、异业联盟能够为合作方带来什么价值

1.

我们作为深圳高端品牌提供最优质的项目、丰富的产品线、开放多样的服务品项、高质量的资源共享，供合作平台尊享。作为美业品牌，百丽雅可以提供如下的常规价值服务：提供能够增加顾客黏性的百丽雅合作联名卡；提供“企业采购”，作为企业之间的社交媒介，也可作为企业高管员工福利，提高员工满意度，提升留存率；提供异业沙龙服务，比如读书会、舞蹈沙龙、插花沙龙、美商沙龙、形体艺术沙龙、两性健康沙龙、亲子教育沙龙等。

2.

联名卡是为了给合作方自有顾客提供多元化的优质服务，而联合定制的卡项，为双方企业吸引优质顾客；企业可以批量采购三养尊享卡，卡内包含两次价值上千的面部和身体护理体验。可作为礼品送给企业的合作伙伴，提高商业社交品质；也可作为企业的高管员工福利，增加员工忠诚度。如有需要可以提供企业个性化服务，走进合作企业，提供3~6个优质王牌项目，现场免费给员工体验。用专业的技术，解决都市白领亚健康问题。

3.

异业沙龙会是与我们合作所独有的特色，我们的团队能够为各种类型合作方的沙龙赋能。沙龙环境高档，服务周到；沙龙类型丰富多样，不论是两

性关系、亲子教育，还是美商修养，都能够满足合作方的需求。

4.

除了上述的常规服务外，作为百丽雅的合作方还能够享受到企业运营方面的经验分享与资源共享，包括但不限于：帮助合作企业优化经营决策的私董会、与合作方一同提升的读书分享会、帮助合作方凝聚团队以及提升员工心理建设的心理工作坊、与合作方分享服务体验地图的搭建及服务升级经验、与合作方共享系统运营的管理信息系统搭建。

5.

私董会，也称“私人董事会”，其核心在于汇集跨行业的企业家群体智慧，解决企业经营管理中的难题。这种服务模式可以有效提升企业的竞争力，拥有私人董事会的企业成长速度是其他企业的 2.5 倍。我们作为私董管，可以帮助合作方（案主）一同探讨企业经营难题的出路，各界大咖 / 企业 CEO 会作为幕僚一同群策群力。私董会期间企业家们可以畅所欲言，会议前所有人要统一签署保密协议，并且参会的企业家只能来自非竞争性行业，运作保密性强。

6.

心理工作坊，作为一种能有效影响个人心理变化的心理咨询方法，日益成为追求自我成长、自我完善的人们的心灵 SPA。百丽雅的心理工作坊不只是上课、讲座，还将互动与主题相结合，让合作企业员工在体验中潜移默化地获得提升。在这个过程中会借助一些具体的活动，如相互倾诉、解决问题、戏剧表演等，让团队伙伴能紧密地联系在一起，分享共同的体验，认真思考自己的成长经历，重新开始对自我的认识，从而达到自我成长。

7.

读书分享会是一种旨在拓宽视野、培养宏观思维、交流知识、提升生活品质的活动。通过开展读书活动，提高企业员工的整体素养，开拓视野，增加阅历，促进员工的个人发展，推进企业学习型组织建设，让企业团队的学习积极性更活跃，不断为企业进步注入新的动力。

8.

服务体验地图是用户体验地图，是一种梳理用户场景和体验问题的方法。它采用可视化的形式，将用户在体验过程中的所做、所思、所感都分别展现出来，以便更全面地了解产品带给用户的体验，并发掘可以优化的地方。多年来，百丽雅服务体验地图在不断升级中积累了不少经验，可以与合作方企业共享。如有需要，可以协助合作方企业搭建或优化其服务体验地图，来提升用户对产品的价值感知。

9.

管理信息系统是一个以人为主导，利用计算机硬件、软件、网络通信设备以及其他办公设备，进行信息的收集、传输、加工、储存、更新、拓展和维护的系统。百丽雅的 iBeauty 系统是由总经理亲自带头完成的，搭建了完善的顾客美丽计划数字系统，实现了企业从信息化向数字化转型。对于有同样发展需求的企业合作方，我们可以提供免费的信息系统咨询服务以及资源和平台的支持服务。

三、如何协助异业合作方进行会销

1.

我们与异业合作的第一要义就是“最大限度地帮助异业转化”，实现双赢。多年来摸索出的经验告诉我们：想要企业经久不衰，就少不了企业联盟的支持与协作。只有让每一位合作方争取到最大化的利益，企业未来的路才能越走越宽、越走越长。

2.

以往的沙龙活动中，有些客户是为了自己感兴趣的礼物而来的。这样的客户来了之后，现场效果也不会很理想。礼物可以让别人代领，但美好的经历则必须是要亲身体验的。与百丽雅合作的异业沙龙，除了能够让顾客享受到优质服务、衬托出自身品质形象之外，百丽雅沙龙的沉浸式体验能够让顾客更专注于活动经历，更有耐心去了解宣讲内容本身。

3.

在沙龙活动组织前期，不少经理都被分派了邀请名额的硬性指标，他们是带着“例行公事”“凑数”的态度来做这项工作的，效果可想而知。对于这种管理机制和规则搭建方面的难题，百丽雅可以通过“私董会”“心理工作坊”等形式，与各界大咖群策群力来解决。通过优化顶层设计的方式，提高邀约的积极性，确保沙龙的品质，以及邀约顾客的受众精准度。

4.

有些时候尽管产品满足了顾客的真实需求，但是成交率还是不高。这可能不是产品本身出了问题，而是忽略了服务体验的重要性。百丽雅 30 年来专注于服务精英人群，能够帮助合作方企业提供更好的服务体验。

5.

为了办好沙龙，企业经理们既要苦背产品知识，又要磨炼演讲技巧，但是很多时候，效果却并不令人满意。然而，作为百丽雅的异业合作方就不存在这个顾虑，百丽雅通过 30 年的实践演练，积累了许多会销经验。因此，我们可以为合作方的经理提供打磨的服务，抓准顾客的需求点，将产品价值最大化地呈现出来。如有需要，可以预先组织打磨会。会务组会提前将桌椅按照鱼骨形排列以方便集体交流和小组探讨，提前确定好每组的成长练习教练，教练负责将课程笔记分给小组成员，并组织大家交流讨论。在集体学习和逐一的 PPT 打磨之后，进行现场评比，优中选优。

6.

《演讲的力量》一书中有这样一句话：“有时候，演讲者的目的是逆向的，他们想要索取而非给予。”所以，如果合作方经理一上来就讲产品，虽然涉及客户的需求但是更多笔墨都落在自身产品的宣传上，便从根本上违背了客户的本能——不想被索取。因此，我们会在打磨会上，引导经理模拟整个宣讲过程，确保演讲的素材是针对到场客户的特点进行呈现的，还要选取一些贴合顾客现况的真实案例，结合产品特点进行讲解。“事实上，慷慨地给予反而会获得积极的响应。”只有我们的内容真正切入客户需求的中心，他们才会关注，才会有所触动，才有可能被打动。

7.

从客户角度出发，不管是直接的产品宣讲还是增强客户体验的异业活动，主角一定是客户。精准营销效率之所以高，是因为我们把有共同需求和关注的群体集中起来，借助恰当的内容、有序的节奏再配合现场主讲师的表现和氛围。客户是各种各样的，需求是五花八门的，我们不能让所有人都保持一致，但可以将同类型的人集合到一起。这里需要注意的是：年龄、性别、职业、学历等和需求的特异性是不能直接画等号的，更多的工作要落实到日常的维护中去。自己在乎什么，自己需要什么，自己害怕什么，这才是客户做决策的时候真正面临的问题。

8.

从个人角度出发，我们会在打磨会上引导合作方经理讲自己热爱的、感兴趣的，这样，主讲师才能投入专注，才能做到极致和专业，他的演讲才能感染听众。如果你是一个即将进行宣讲的人，不妨考虑一下这些问题：这个主题是我喜欢且专业的吗？它能激发我的兴趣去钻研吗？我分享的知识对观众有价值吗？我的演讲是一份礼物还是一个请求？演讲内容是新的，还是早已陈旧？（如果听众先前听过，有没有打动人心的真实案例，增加可信度）我能在规定时间内用必要的例证来充分阐释这个主题吗？我有足够的知识储备使演讲不负观众的期待吗？

9.

有些时候即便经理宣讲得很好，也从用户视角出发去表达，但是顾客还是不买账，觉得可能是在套路自己。这种情况也是在所难免的，毕竟彼此的立场不同，即便讲得再好也很难有百分之百的说服力。“百丽雅”区别于异业合作方的就在于，我们与顾客的身份势能相近，我们既是合作方也可以是消费者。我们能够作为 KOC 身份，与顾客在同一视角下进行分享，增强信任感。

第七章　装修体系

一、在装修设计美容院时，要特别注意哪些细节

顾客的第六感受也是顾客的下意识，是所有感受的综合，顾客通过这种意识来判断事物。对于美容院的装修，我们总结了以下注意事项，你如果都做到了，顾客就会认定你的服务、环境、氛围等适合自己，就能够成为你最忠实的顾客。

1.

招牌是直接反映美容院形象的脸面，是突出该店经营及该店文化的广告牌。招牌要注意颜色搭配，一般以深色为主体，以引人注目为目的。

2.

店内风格可以是日式风格、古典风格、现代风格、欧式风格、泰式风格等。根据装饰风格表现出该店的文化、专业气氛，让顾客接受、认可该店的经营理念，同时绘制出经营项目、价格，让顾客一目了然。风格的确定要与同行有一定的区别，可以适当点缀一点高档工艺品、名人字画突出企业文化档次。

3.

要提前定位好店内情调。有些美容院喜爱古典情调的设计，有些美容院却喜欢新潮情调。情调定格是在确定顾客群体基础上，根据顾客需求而定的。风格过于豪华会让顾客望而止步，风格过于简化会让顾客感到档次太低。门店所需展示的形象是考虑的重点，需要恰到好处地处理定格中的一些问题。

4.

店内色调变化能够潜移默化地影响一个人的情绪。要想让顾客情绪稳定，感到轻松、舒适、温馨，并具有信赖、安全感，那么店内的色调选择就尤为重要。深色会让人感到不安，引发急躁、情绪波动，坐不下来。简而言之，

店内色调一定要以浅、淡色为主，以便缓解员工、顾客的紧张情绪。

5.

操作区一般占整个店面面积的四分之三或三分之二不等（视情况而定），操作区是直接服务顾客的地方，要求以宽松、干净、舒适为宜，还要考虑到方便、顺畅。音乐一定用中贝音调播放，以优雅的古典名曲为佳。镜子要明亮，椅子、床铺要精美，外形要独特，色调要统一。

6.

卫生间因其利用率较高，会给顾客留下深刻印象，一定要如重视招牌一样对待，精心设计。以豪华为主，越豪华越能给顾客留下好印象（注意，不能有异味）。在卫生间内要经常换挂写有该店理念、热情服务要求，甚至笑话、幽默故事的条幅，也可以是标有促销打折优惠政策的海报。

7.

店内的座位要求简洁明快，舒适、干净，距离适宜。

8.

商品陈列柜应安放在进门右侧处，以浅色为主，高档为好。人的视觉45度范围内，陈列的商品是最容易推销、外卖的，要经常更换此处陈列的商品。陈列柜要避免阳光直射，防止商品失效、变质。

9.

店长办公室是处理日常工作和接待各部门工作人员、朋友及与新老顾客洽谈业务之地，其装修应表现出严肃、清洁、大方之感。壁面应挂有企业目标蓝图，员工守则，店长、财务责任制，热情服务要求，奖罚制度，企业理念及员工提成进度表等有关规章制度。

10.

员工休息室是员工进餐、存放私人物品的地方，壁面应处理干净，柜子做得实用即可。墙面应挂有光荣榜、纪律制度、卫生值班、轮休表格。顾客严禁入内，给员工在工作时间小憩的自由空间。

11.

用品保管室用于建立保管物品登记（进出），以便于管理及核算成本。依据商品大小设计成不同规格的柜子进行陈列，做到随时用随时取，不讲究色彩、装潢。

12.

饮水机和书架摆放在桌椅附近，以便员工及时送递茶水及饮料。书架需设计精美，并摆放一些时效性不强的杂志，供顾客等候时阅读。

13.

收银台需和店内整体设计相融合，以精、美、小为佳，台后应设有顾客物品寄存柜，让顾客产生安全感。收银台应考虑到电脑、电视、音箱、灯光的控制设计，便于操作。收银台上应设有顾客档案、技术资料插夹，不要忘了吸贴式员工轮牌板安置环节。

14.

设计一个较美的摆架，把毛巾整齐摆放其中。毛巾是直接接触顾客身体的东西，因此顾客会特别在意。选用 100% 棉的毛巾为宜，颜色以浅色、低饱和色为主。毛巾每天清洗后必须用消毒液浸泡 5~10 分钟。用清洁剂洗毛巾是最好的方法，其优点是不含碱性，不伤毛巾。

15.

店内灯光一般要求明亮，可采用各色节能灯、太阳灯。店内灯的数量不宜过多，冬天明快，夏天温馨，春、秋舒畅。

二、美容院应该如何规划好装修的流程

1.

美容院的二等大事就是装修，美容院能否按时开业完全取决于装修的方案、进度。如果采用简洁的装修方案，控制好工期进度，就能在很短的时间内装修完毕。

2.

事先规划好装修流程，虽然不能百分之百地保障按时开业，但是工期不会拖得很长。所以，装修一定要事先设计好流程。装修的流程主要包括方案设计、施工计划、施工监管，次要流程包括消防手续等。

3.

不管是租赁还是购买，店面找好之后办好手续就应该立刻找专业的团队设计美容店的装修方案。美容院的店主也要参与风格设计，经过分析制订出完善的方案，核定过设计图纸之后，把其交给施工人员。

4.

在施工之前，店主对各方面的工作都应该先做个了解，哪些地方需要修改，哪些地方需要调整，都要先协调好再开始装修工作，但是时间不要耽误太久。

5.

不同的装修风格需要不同的装修材料，不管是自己选购材料还是一切交由装修公司负责，都应该在价格上把好关。我们建议，对于一些比较贵的材料最好是自己去选购，这样在质量和价格上都能放心。此外，装修人员在施工过程中如果出现一些问题，有人监管的话，就能够及时发现。

三、美容院如何找到最适合自己的装修布局

1.

对于美容院的装修格调，店主可以多进行考察学习，借鉴别人的成功经验，但不要把别人的成功例子拿来生搬硬套。比如，北方的温暖格调用在南方就会给人闷热的感觉。大多数女性都比较喜欢清朗明晰温暖的特色，所以美容院装修要尽量考虑清朗明晰温暖的特色。生硬冷清像医疗所一样的装修风格，我想没有几个人会喜欢的。因此，美容院的装修及布局一定要大气，要结合产品和项目来决定装修风格及色调。

2.

店名的选择也是至关重要的。店名的选择是很有技巧性的，不上口的、沉闷的、不谐音不吉利的名字都不好，也不要与同行同名。好的店名要有自己的特色，要有一个出彩的字号，店名要令人联想到效果或魅力，比如“金思维”可以联想到思维、做策划的。从魅力方面入手，像玫瑰、名媛、皇宫等都是不错的选择，也可以唤起人们的联想。

3.

店面招牌的策划不能纸上谈兵，一定要到现场观摩。招牌要鲜艳醒目，不能淹没在琐碎的细节中，要让招牌成为当地街上的一个亮点，给人耳目一新的感觉。

4.

南方和北方在装修项目上也有一定的差异，有些设备（像桑拿设备）在南方是没必要有的，但在北方就要加大投入来安装。在南方大受欢迎的水疗，如果在寒冷的北方取暖不便的地方就不能盲目照搬，否则不但浪费，而且最主要的是没人用，这可不是一件小事情。

5.

除整体装饰布置外，美容院的内部也要有阳气和阴气之分。按其行业特

点的“阴阳”特性划分，美容院内部可分为三大区域。

(1) 接待区。外观应和谐、动态鲜明、引人入胜，从而吸引顾客进入美容院。接待区内要设有桌椅和最新标志，吸引顾问入座并询问。接待区的目的一方面是让顾客接触到活动内容（如信息、经营等），另一方面是让顾客放松，所以不应有太多的边角。正面设计应采用柔和的色彩及吸引人的海报、品牌宣传画和产品展示，以直观的形式，使顾客对品牌有了第一印象。

(2) 护理区。护理区则属于恬静、安宁松弛的“阴”区。美容床要舒适安宁，光线要柔和，配合舒缓的 SAP 音乐以及美容师轻声舒缓的语调、轻柔的动作。这些都有助于顾客在身心放松之中接受美容师。工作护理区的设计以柔和的光线、色调及圆形平抚心情的图案为主。

(3) 护理后的接待区。护理结束后顾客又回到阳区——接待区，在这里可以让她们再次接触到产品，联想在护理中的感受。顾客对产品有了深入的认识，美容师可配合销售。因此产品展示架的设置要方便，随手就可拿到，抬眼就可望见，以配合整体效果而显和谐，不要让顾客有压迫感。

四、美容院装修布局应该注意什么

以下几个方面通常是被美容院经营者忽略的细节问题。美容院的布局要以顾客的感受体验及便捷和实用为前提，每个环节都需做细致化的人性处理，从而让顾客感受到美容院的专业服务，以此提高顾客对美容院的依恋，达到吸引顾客的效果。

1.

门店的招牌如同人的脸面，在突出美容院文化气息的同时，更要展现所经营品牌的内涵，在颜色的搭配上结合品牌及产品的主色调与时尚相依衬，达到引人注目的效果。

2.

美容院最好能够形成自己独特的风格。美容院的装修风格有很多种，如田园、欧式、古典、现代等风格，经营者可根据自己的意愿来决定，但装修风格一定要体现出美容院的企业文化与品位。如古典风格的美容院，可以在走廊及顾客休息区添置字画及高档的工艺品来点缀，烘托出特色的韵味，以此突出美容院的档次。

3.

在色彩搭配方面，美容院整体的颜色搭配要以浅、淡色为主，给人视觉上的舒适、温馨。当然，在用色上要注意冷色和暖色的合理搭配，不协调的颜色会让人感到急躁、心神不定，就会影响到顾客的情绪。

4.

在功能区的利用方面，美容院在功能的划分上大致可分为美容区、美体区、养生区、接待区、休息区、VIP、体验区等。初期的装修布局上，就要考虑到功能区的利用率和便捷，如美体室旁设有淋浴间，这种布局可提高功能的完整性。

5.

在卫生间的布局方面，卫生间要精心设计，让顾客留下好印象，如在墙面悬挂美容院的宣传语及幽默笑话，还可以悬挂美容院活动的海报，让顾客享受方便。

6.

在设施消毒方面，顾客来美容院消费，卫生安全的意识性很高。为了打消顾客在这方面的顾虑，美容院可以在显眼的地方设立专用物品消毒区域。如亲近顾客肌肤的毛巾、床单分门别类地用专用设备消毒处理，采用顾客看得见的卫生处理方式，可让顾客对美容院的卫生放心。

附录：百丽雅的介绍模板

百丽雅
始于·一九九二
在百丽雅 美得安心

1.

百丽雅是创始于 1992 年的高端美容服务领导品牌。早在 1999 年，百丽雅曾在人民大会堂荣获由国家领导人亲自颁发的“全国放心美容院”证书。我们的会所分布在深圳各区域，一直坚持直营理念，专注于服务深圳市场已经有 30 年的历史。

2.

为了保障百丽雅的商品和服务的品质及精准服务，我们只做直营不做加盟，每一步都为顾客严格把关。我们很少打外围广告，都是顾客口碑宣传。我们将全部财力都用在了“如何让顾客安心地变美”这一件事上，将广告宣传的费用实实在在用于回馈我们的老会员。

3.

2011 年，百丽雅被政府评为“深圳老字号”，至今已有 30 年的专业技术沉淀历史，凝聚着创始人的智慧，浸透着经营者的心血，传承着深圳不变的记忆和继往开来的精神。

4.

ISO 国际三项认证：百丽雅通过国际 ISO 质量、环境、职业健康安全管理体系认证，开创了中国美容界先河。ISO45001 职业健康安全管理体系认证，代表企业对员工负责；ISO14001 环境管理体系认证，代表企业对环境与社会负责；ISO19001 质量管理体系的认证，代表企业对顾客负责。

ISO 认证的作用如下。

（1）强化品质管理，产品品质在竞争中处于优势，增强顾客信心。

（2）提高全员质量意识，规避操作风险。

（3）完善企业文化，树立良好的公众形象与社会关系，让每一个顾客“在百丽雅，美得安心”。

5.

3A 企业信用等级证书：2018 年，百丽雅荣获国家“3A 企业信用等级证书”，由中国中小企业协会颁发，在中华人民共和国商务部官网上公示。3A 为目前社会信用评价的最高等级，这代表着公司优秀的商业信誉和优质的服务水准获得了第三方权威机构的认可，意味着公司在银行的信用等级是最高水平的。对于供应商而言，意味着公司从来没有拖欠过供应商的钱，没有任何债务纠纷；对于员工而言，意味着公司从来没有拖欠过员工工资；对于顾客而言，意味着百丽雅 30 年来从来没有一个客户投诉是获得消费者权益保护委员会认证的。

6.

源动力三养疗法专利：百丽雅专业技术团队经过十多年的潜心研修，成功研发出一套先进的专业美容手法——源动力三养疗法。2008 年 2 月，百丽雅“源动力三养疗法”专业技术手法获得国家专利，这也是中国美容行业首个申请国家专利的美容手法，填补了中国美容行业史上技术手法专利领域的空白。不仅如此，百丽雅还独创了世界首个融合灵性按摩的芳香疗愈品牌——七色脉轮。百丽雅用专业的技术和服务赢得了企业美誉度。

7.

文化墙与店面图：我们会所的各个环节都是经过严格把关的，每一个配料制作的过程都是全透明的，随时可以在线上调到监控，随时可以查看的，所有产品和服务都保证让顾客安心。我们的专家都经过权威背书，三养美容师和顾问也都经历了严格的培训，并具有丰富的专业实践操作经验。

8.

我们护理中用的水是来自美国康丽根公司软水净化系统，对皮肤无伤害，还能让皮肤变得更加娇嫩；我们的通风设备是美国麦克维尔公司的新风系统，能够净化空气，减少空气中的 PM2.5、螨虫和细菌；我们的灯光音乐空调采用智能化系统，平衡调节视觉、听觉和冷暖的舒适度，可以随时为顾客进行调整；会所坚持毛巾、浴袍一客一换、高温消毒，每天有卫生督导小组严格督察，保证顾客美得安心；我们的马桶由创普科技定制，保洁员每天定时清洁消毒。

9.

心灵书吧：百丽雅还特意精心挑选了 100 本适合女性阅读的书籍，让每一位会员的心灵都得以滋养。在顾客美得安心、舒心的同时，更能够养心。

10.

仪器区：我们采购设备的原则就是让每一位顾客安心。我们的仪器设备筛选门槛很高，必须是符合国际最高标准才会被引进。不仅确保所购仪器是正规渠道的正品，在同类型仪器中我们还做到选优中更优的，决不会为追捧热度而置顾客于风险中不顾。

11.

护理操作区：房间里配置独立洗手间、沐浴室、泡浴桶，为顾客提供更独立的私密空间。

12.

员工文化：只要努力，员工每个月都能获得荣誉奖项。每个月我们都会一起欢庆员工的生日会，发放节庆福利，感受特殊日子带给我们的爱。每个月我们都举办百家宴、三欣会。员工工作餐采用的所有食材都是厨师精心选购，行政主管不定期陪同厨师买菜，根据季节购买最新鲜的食材，行政部每月定期抽查宿舍、厨房卫生和水电燃气安全。保证大家吃的工作餐健康有营养，住的环境舒适、安心。

后　记

让每位百丽雅人都成为文化传播者

百丽雅集团总经理——王坤

过去 30 年里，百丽雅从坚持“一尘不染，一丝不乱，木现本质，铁放光芒”16 字卫生铁律，到关注女性顾客的心理健康打造“三养文化”，到今天我们面对不同社会角色、不同家庭阶段、不同人生阶段的女性，所提供的完全不同的服务流程、服务重点、环境细节、话术方式等，我们并没有把这称为“个性化服务”或“千人千面”，因为这就是我们服务团队所携带的“将女性消费者放在第一位”的基因。

每一位独特的女性都是可以引导我们优化自己的服务，加深我们对女性心理及身体认知的最佳导师。在本书里，我们将百丽雅作为“深圳老字号”生存 30 年之久，与深圳这座城市一起成长起来的 60 后、70 后、80 后、90 后的高净值女性的服务革新经验与各位服务业从业者分享。百丽雅在洞察消费者的过程中形成的流程与服务，都以每一位女性顾客的需求为最高标准，这也是我们将服务体验做到极致的秘籍宝典。希望同样在服务行业，特别是目标受众为女性的企业，能够将服务从标准化到服务“人性化”、服务“价值化”转变，让服务行业不再站到社会生存需求“金字塔”的底端。极致的思考和服务体验会让我们的消费者发生转变，服务行业终将站上社会需求“金字塔”的顶端。

作为30年的美业集团，我们经历过太多的行业培训，总结来说美业的教育基本都停留在三个层面：以心灵鸡汤为基础的价值观引导模式；以成功学为基础的工作动力激励模式；以军事化训练为基础的团队服从性打造与权威建立模式。

我们并不想批判这三种模式的弊端，因为这些模式对下沉市场是行之有效的，毕竟那些鸡汤、成功学、精神分析可以让人陷入低水平的勤奋，只要员工可以勤奋，美业老板就能获得一种安慰剂效应。

但对于个人的“全人教育”和长期发展来说，对身处深圳这样的国际一线城市并服务于高净值女性的我们来说，行业里的大部分培训仅仅是把碎片化的经验当作一条确定的路。只要市场红利这个参数不变，就很难区分真教育和假培训之间的差距。例如，很多经历过市场红利期的企业家，他们所总结的管理方法，就好比在电梯里做俯卧撑的人一样，他们将成功上楼归因于做俯卧撑，以为自己俯卧撑做得足够标准、足够多，就能比爬楼梯的人快，却不明白这是因为他们处在电梯红利当中。

市面上还有很多针对美业进行咨询的模型、方法，但大部分都存在逻辑谬误、循环论证、倒果为因、倒因为果、虚假两难、诉诸权威、诉诸大众、诉诸无知、诉诸传统、诉诸起源、诉诸动机、诉诸恐吓、稻草人谬误、错误类比、幸存者偏差、相关性谬误、滑坡论证的问题。实干者们要警惕放之四海而皆准的道理，很多因市场红利与人口红利赚到钱的企业家需要对自己的成功进行认知协调，于是咨询公司帮他们找到了一套归因谬误的理论，借助辞令技巧对自己进行圣化构想让自己很自洽，但面对企业的未来，这些抽象的概念无疑是一种束缚。

我们写此书，是从“全人教育”视角和企业长期发展的角度出发的。本书参照美容院复杂场景的推演，将真实的挑战还原到困境里，取自经验的归纳与总结，通过定果溯因、AB控制组对照、类比推理等方式，最后呈现出了“让外行也能看得懂”的内容以及落地执行的行为步骤。我们就是通过这个思路，一步步完善这本书的。

为员工建立了执行体系后，如何让员工成为企业文化的传播者？企业的文化想得到更有效、更广泛的传播，可以参考百丽雅开发的布道者思维模型，让每一位员工成为企业的传播者。

第一，成为见证者。

很多企业的企业文化是让员工讲企业的故事、创始人的故事。而企业文化的精髓应是对员工生命的内化，让员工讲自己与这个文化的故事。其实，很多强价值观驱动的公司都是这样做的。华为把这样的模式称为“全真教”，意思是全部用真实的案例去教育。只有将解决方法还原到真实挑战的场景里，才具有可迁移性，形成可复制的方法论。所以，让员工讲自己的经历故事，让企业文化内化于员工的生命之中，员工就会成为企业最好的文化传播者。

第二，面对反对者。

在企业管理当中，每个公司都不缺少反对者的角色。这些反对者可能是你的上下游企业、你的竞争对手、你的客户，甚至是你的员工。如果我们从这些质疑中一一给出答案，这个过程就是企业文化培训的过程。事实上当你在公司遇到一个和你意见相左，甚至你讨厌的人，你可以尝试在内心默默祝福。如果你愿意的话，你会惊讶地发现你讨厌的那个人身上的某些特质，很有可能你身上也有，所以当你为他祝福的同时也是在包容自己。

也有人会选择“干脆让这样的人走好了”，这也是一种办法。当然，我并不是说这种管理方式是错的，大家可以当作一个参考。有没有可能还有另外一种选择？著名产品人梁宁说过：人际容纳度决定了你的组织是丰盛的，是有弹性的，还是单薄脆弱的。既然如此，读者可能会说：干吗要辩论，我不理他不就行了。贝聿铭先生从不去反抗别人对他的质疑，他只解释说：“我一直沉浸在解决自己的问题之中。”

对于我们来说，还没像贝聿铭一样成为世界大师之前，面对反对者而进行的辩驳其实是在保护自己的场域，通过辩论让场域里的其他人信念坚固。

我在这里为大家提供四条心法：罗列质疑清单，充分包容解答，提升人际容纳度，进行场域保护。

第三，拥有督导师。

企业布道的核心是让组织中全员统一语境，遵循共同的词语联想规则，这就依赖于布道者在解释言辞时的精准度，避免出现认知偏差。孔子说“书不尽言，言不尽意”，指的就是语言符号传递信息的不准确性。英国化学家波义耳就曾抱怨道：使用语言就像用脏抹布擦桌子。这就是布道者为什么要有督导师的原因。

企业的督导师应做哪些督导呢？

（1）当布道者只会发现问题、描述问题，却不能解决问题时，督导师应做出督导。布道者靠着对企业文化进行的定义与分类，阐释词语的联想规则对组织进行周期性价值观对齐。一旦组织成员进行困境询问时，布道者不回答困境的解决方案，而只是一味地讲述情绪实则是对组织的巨大伤害。例如“你要加油哦”“你多想想就有答案了”“你这是心态问题需要调整”等等，这些我们统称为“很有道理的废话”。让每一个布道者养成一张嘴就是解决方案的习惯，如果没有具象的挑战，任何问题都可以不予回应。

（2）当布道者不直面问题，只做情绪转移，甚至找借口时，企业的督导师应做出督导。如果不能立请不要破。我在加拿大担任牧师工作时，我的督导师父就常说：“如果无法带领大家直面问题，而只做情绪转移的话，问题并没有被解决。而你却不断地帮助他人学会回避自己的内心，你就给别人带来了更大的伤害。”

（3）当布道者妄自尊大时，企业的督导师应做出督导。每一个布道者做久了就会莫名产生圣化构想，总觉得自己好像有什么宏大使命要完成：为天地立心，为生民立命，为往圣继绝学，为万世开太平。当布道者天天把这些挂在嘴边时，督导师一定要出场提醒他，切勿宏大虚空。企业布道者是可以解决很多具象小事的“狐狸”，而不是天天讲一些放之四海而皆准的大道理的“刺猬”。我们可以给组织成员最大的帮助就是，协助组织成员完成执行方案的迭代，让组织成员建立与自己内在连接的通道，让组织成员将成长的媒介建立在自我成长的迭代中。此时，身为布道者的我们就会从他们的生活与工作中退去。

我们写这本书还想表达一个重要的话题，那就是“如何让新时代女性在被服务中找到自身价值”。历史赋予了女性温柔的性格，社会赋予了女性母性的责任，时代赋予了女性独立强大的自尊，但女性却很容易迷失在自己的生活中，面对伴侣、家庭、孩子常常深陷其中不能自拔。我们这些美业服务者的终极目标之一就是“把女性的身心还给她自己”。

我母亲30年前独自一人创办百丽雅美业集团，冲破了很多家庭及传统的束缚，不停摸索和奋斗至今。一个女人如何在琐碎的生活中找寻自我，如何平衡事业与家庭，如何让自身价值不断显现，如何在疲累艰辛后懂得犒赏自己，如何敢于享受生活且告诉自己这很值得。我相信，没有人比百丽雅女性创始人更有说服力。我们站出来为所有女性发声，唤醒依然沉睡的女性。

谨以此书记录与呈现

我的母亲三十年美业经验与心得